내 삶을 바꾸는
기적의 코칭

내 삶을 바꾸는 기적의 코칭

초판 1쇄 발행 2018년 6월 1일

지 은 이   박지연
발 행 인   권선복
편   집   천훈민
디 자 인   최새롬
전 자 책   천훈민
발 행 처   도서출판 행복에너지
출판등록   제315-2011-000035호
주   소   (157-010) 서울특별시 강서구 화곡로 232
전   화   0505-613-6133
팩   스   0303-0799-1560
홈페이지   www.happybook.or.kr
이 메 일   ksbdata@daum.net

값 15,000원
ISBN 979-11-5602-612-9 03190

Copyright ⓒ 박지연, 2018

도서출판 행복에너지는 독자 여러분의 아이디어와 원고 투고를 기다립니다. 책으로 만들
기를 원하는 콘텐츠가 있으신 분은 이메일이나 홈페이지를 통해 간단한 기획서와 기획의
도, 연락처 등을 보내주십시오. 행복에너지의 문은 언제나 활짝 열려 있습니다.

하루 3분, 나를 위한 변화의 시작

내 삶을 바꾸는
기적의 코칭

박지연 지음

도서
출판 **행복에너지**

추천사

아세아항공직업전문학교 이사장 **전영숙**

사람들에게는 각자의 향기가 있다.

그 향기는 어떤 삶을 살았느냐에 의해 결정되는 것 같다.

오랫동안 만나온 박지연 교수에게서는 코칭 전문가로서의 따뜻한 인품의 향기가 난다. 그래서 만나면 무슨 이야기든 하고 싶게 만들고, 스스로 답을 찾게 만들어 주고, 원하는 방향으로 갈 수 있도록 길을 안내해 주고 변화하게 해준다.

그동안 본교 학생들이 코칭을 통해 기적처럼 변화되는 모습을 많이 보았다.

전혀 가능성 없어 보이는 애벌레가 아름다운 나비가 되는 기적과 같은 모습이었다.

나비가 되기 위해서는 자신을 캄캄한 어둠 속에 스스로 가두는 시간을 참아내야 하고, 그 어둠을 스스로 뚫고 나올 수 있는 처절한 사투가 있어야만, 넓은 창공을 마음대로 날아다니는 자유를 얻을 수 있다.

이 책을 통해 그동안 스스로 발견해 내지 못한 나비로서의 가치를 발견할 수 있을 것이다.

『내 삶을 바꾸는 기적의 코칭』은 그동안의 코칭 경험을 통해 쓴, 3분 안에 나를 변화시킬 수 있는 삶의 코칭서이다.

국회의원 **정성호**

변화하는 삶, 더 나아진 삶. 누구나 꿈꾸는 내일이자 미래일 것입니다. 물론 이런 삶을 사는 데 있어 물질적인 요소도 중요하게 작용을 하겠지만, 가장 중요한 것은 바로 나의 '마음가짐'이 아닐까 생각을 해 봅니다.

이 '마음가짐'에 정답이 있는 것은 아닙니다. 다만 좀 더 나은 방향, 좋은 길, 나를 행복하게 만들고 긍정적으로 만드는 방향이 있는 것은 확실합니다. 박지연 저자의 『내 삶을 바꾸는 기적의 코칭』이 모두를 기적의 길로 안내해 줄 수 있는 좋은 책이라고 생각합니다.

책에 담긴 단편적인 이야기들은 어렵거나 부담스럽지 않습니다. 어느새 나도 모르게 책에 빠져 스스로를 치유하고 마음을 달래는 과정을 거치며 좀 더 나은 내가 되자고 다짐하는 계기가 되었습니다. 이러한 변화의 시작에 바로 이 책이 있었습니다.

본서를 통해 모두가 '변화'의 시작점에 서기를 바랍니다. 특히 변화를 시도해 봤지만 실패한 사람들, 내 삶을 더 나은 방향으로 이끌어 나가고자 마음먹은 사람들에게 아주 좋은 길잡이가 되어 줄 것입니다. 이 책이 분명 긍정적인 바람을 불러일으켜, 우리 모두의 삶을 한 단계 업그레이드 시켜 주리라 믿습니다.

추천사

(주)처음교육 대표 **조은미**

글은 사람의 마음을 움직이는 힘이 있습니다.

박지연 대표님의 글은 마음의 움직임뿐 아니라 삶의 변화까지 이끌어내는 진정성을 가지고 있습니다. 많은 이들의 코칭 전문가로 살아오면서 타인의 인생에 선한 영향력을 끼쳐 온 아름다운 생각의 비밀들을 이 책으로 만나 보실 수 있습니다.

서울신문·스포츠서울 본부장 **구경회**

박지연 교수의 글을 읽고…….

태어나면 연습 없이 한 번만 사는 인생. 그 주어진 삶을 성실함과 푸근함으로 갈고 보태, 괜찮은 여정으로 만든 여성, 누구라도 살아오고, 살아갈 인생길에 모범답안을 내놓았다. 단것과 쓰디쓴 것 모두를 긍정의 씨앗으로 싹트게 하고 살찌워서, 먼 곳까지 바라볼 수 있을 만큼 큼직하게 키웠다. 자신이 덜 자란 양, 최선을 다해 알차게 걸어온 훌륭한 자기 관리와, 더불어 함께 사는 빛나는 인품으로 여기까지 왔다. 이 책의 글대로.

박지연. 그는 능력 있는 친구이자 거울 같은, 참 좋은 친구다.

SAM Site(주) 대표, 한국직업진로지도협회 이사장 공선표

올바른 삶의 방향 잡기, 삶에 있어서 중요한 가치, 내 삶을 알차게 살아가기 위한 비결, 한 번뿐인 삶을 잘 사는 방법, 가치 있는 삶 등 내가 관심을 가지고 있는 키워드가 망라되어 있다. 나의 삶을 스스로 변화시켜 가치 있는 삶으로 살아가고자 하는 분들에게 일독을 권한다.

우체국시설관리단 경영전략실장, 한국디자인씽킹연구소 외부연구위원 민의식

4차 산업혁명 시대, 세상이 기하급수적으로 바뀌어 가고 있다. 사람과 사람, 사람과 기계, 기술과 기술, 온라인과 오프라인, 제품과 서비스, 대기업과 스타트업 간의 경계가 무너지며 초연결·융합되어 간다.

이러한 융합이 시장이 아닌 사람 중심으로 이루어져야 한다는 데는 이견이 없어 보인다. 이를 위해서는 사람과 사람의 협업·소통 역량이 필수적이다. 저자는 코칭 전문가로서 독자들에게 자기만의 고유 재능을 찾고, 이를 스스로 발전시키는 과정을 통해 자기 자신과의 소통을 일깨워준다. 이는 결국 4차 산업혁명 시대를 살아가는 우리에게 다른 사람과의 협업·소통을 원활히 하여주는 길잡이가 되어 줄 것이다.

이 책을 읽음으로써 4차 산업혁명 시대 국가사회의 구성원으로 패싱 없이 당당한 삶을 살아갈 수 있다. 일독을 권한다.

프롤로그

나는 그동안 수많은 훌륭한 코치들을 만나면서 내 삶에 기적을 이루었다.

카네기, 나폴레온 힐, 앤서니 라빈스, 윌리엄 장, 성철 스님, 정채봉 님 등 책 속에서 만난 수많은 코치들은 내 인생을 변화시켜 주었고, 40세 이전까지 아무런 희망도 없이 살았던 내게 기적을 선물해 주었다.

내 삶의 코치들은 나에게 '어떻게 살아야 할 것인가?' '어떤 목적의식을 갖고 살아야 하는가?'에 대해 끊임없는 질문을 하게 만들었다. 좋은 코치를 만난 덕에 스스로의 삶을 변화시켰고, 내가 원하는 삶을 살 수 있는 기적을 이루어 냈다.

어떤 일을 할 때마다 늘 질문을 한다.

이렇게 하는 것이 나에게 좋은가?
다른 사람한테도 좋은가?
모두에게 좋은가?

이렇게 질문을 하면 어떻게 해야 할지 방법을 찾게 된다.

'질문을 해야 답을 찾을 수 있고,

질문을 해야 정보를 얻을 수 있으며,

질문은 생각을 자극하고,

질문은 마음을 열게 하며,

질문은 귀를 기울이게 하고

질문은 스스로 통제하는 힘을 키워준다.

결국 질문을 통해 스스로 원하는 삶을 살기 위한 답을 얻을 수 있는 것이다.

톨스토이는 "모두가 세상을 변화시키려고 생각하지만, 정작 스스로 변하겠다고 생각하는 사람은 없다"고 했다.

우리도 주변 탓, 세상 탓, 상황 탓을 하기에 앞서 스스로가 바뀌어야 할 부분이 무엇인지 생각해봐야 하지 않을까?

자신의 삶을 기적으로 만들어 줄 해답은 각자의 내면에 있고, 그 답을 아는 것은 개개인 자신이다. 이 책은 삶을 변화시켜 기적을 만들어 줄 답을 찾아갈 수 있게 길을 안내해 주는 안내자로서의 역할을 할 것이다.

최근에 내 삶의 기적에 화룡점정을 찍은 코치는 4년 전 인연을 맺은 '아세아항공 직업전문학교'의 전영숙 이사장님이시다.

세상을 살면서 삶을 바꾸는 계기가 되는 것은 학연, 혈연, 지연이 아니라, 우연히 만난 낯선 인연이란 것을 다시 한번 깨닫게 되었다.

『내 삶을 바꾸는 기적의 코칭』은 우연한 낯선 만남이지만, 만나는 모든 이의 삶을 변화시키고, 기적을 이루어 낼 수 있었으면 좋겠다는 바람을 가져본다.

목차

3
인생의 모범답안

4
한 번뿐인 삶을 잘 사는 방법

5
마음이 명약

6
내 안의 멘토

7

사람과 사람 사이는

8

차이가 가치

1

의미를 담아야
희망이
보인다

성취심리

.
.
.

이전에는 성취해 본 적이 없었던 일을 성취하기 위해서는 전과는
완전히 다른 사람이 되어야만 한다.
- 브라이언 트레이시

브라이언의 『성취심리』라는 책을 보면서 내 삶이 바뀌었다. 학생들
에게 제1 독서로 추천해 주는 책이다.

오늘도 어제와 똑같이 행동하면서 어제보다 더 나은 내일이 올 거라
는 생각만큼 어리석은 생각은 없는 것 같다. 지금까지와는 다른 삶을 살
기 위해서는 '탈태환골' 할 수 있는 의지와 행동이 필요하다는 생각이 든
다. 무엇이든 동기가 있어야 하고 계기가 있어야 한다.

올바른 삶의 방향 잡기

·
·
·

중국의 전국시대에 계량이라는 사람이 위나라 국왕에게 다음과 같이 아뢰었다고 한다.

"제가 방금 길에서 수레에 앉아 북쪽으로 가는 사람을 보았는데 그는 내게 '나는 초나라로 가오' 하고 말했습니다. 저는 그에게 '초나라는 남쪽에 있는데 당신은 초나라로 간다고 하면서 무엇 때문에 북쪽으로 가오? 그렇게 가면 갈수록 더 멀어지게 되는 것 아니오?' 하고 물었더니 그는 '괜찮소. 나의 말이 워낙 잘 달리니까.' 하고 말했습니다. 저는 '당신의 말이 잘 달리기는 하지만 이 길은 초나라로 가는 길이 아니오.' 하고 말했더니 그는 '괜찮소. 나에게는 여비가 많소.' 하고 말했습니다. 저는 '당신에게 여비는 많지만 이 길은 초나라로 가는 길이 아니오.' 하고 말했더니 그는 또 '괜찮소. 나의 마부가 수레를 잘 모니까.' 하고 말했습니다. 대왕님, 초나라로 간다는 이 사람은 비록 잘 달리는 말, 충분한 여비에다 출중한 마부까지 두고 있더라도 방향이 틀렸으니 영원히 초나라에 도착하지 못할 것입니다. 그뿐이겠습니까? 그 길로 가면 갈수록, 그의 말이 좋으면 좋을수록, 여비가 많으면 많을수록, 마부가 수레를 잘 몰면 몰수록 초나라와 더 멀리 떨어지게 될 것입니다."

『이야기 속의 철학』에서 읽은 내용이다. 왕에게 간접적으로 어떻게 방향을 잡고 나라를 운영해야 하는지를 지혜롭게 조언한 내용이라 생각

된다. 이 이야기는 무슨 일이든 방향을 바르게 잡고 나아가야 한다는 교훈을 주고 있다. 물론 어떤 경험이든 소중하지 않은 경험은 없다. 하지만, 우리의 삶은 늘 그 시간에 머물러 있지도 않고, 늘 같은 체력을 유지할 수도 없는 한정된 시간을 살고 있기에 인생의 방향을 제대로 잡고 바르게 살아가야 참된 삶을 살 수 있다는 이야기이기도 하다. 올바른 삶의 방향을 잡기 위해서는 목적이 무엇인지, 지금 현재 상태는 어떤지, 어떤 방향을 어떤 방법으로 나아갈 것인지 그런 의지는 있는지를 잘 파악하는 것이 중요하다.

계명구도

.
.
.

계명구도鷄鳴狗盜라는 말이 있다. 하잘것없는 재주라도 쓸모가 있다는 말이다. 중국 전국 시대의 정치가 '맹상군'은 자신을 찾아오는 인물 중 한 가지라도 재주가 있는 사람이라면 출신과 신분 관계없이 개 도둑과 닭 울음소리를 내는 식객까지 받아들였다. 한번은 강대국인 '진'나라 '소왕'이 초청해서 진나라를 갔는데, 그만 볼모로 잡히고 말았다. 진나라 소왕의 애첩에게 뇌물을 주고 소왕을 설득하려 했지만, 애첩이 원하는 여우가죽으로 만든 '호백구'는 이미 소왕에게 선물로 준 상황이라 난감한 상황이었다. 하지만 개 도둑 출신 식객의 도움으로 소왕으로부터 호백구를 훔쳐 소왕의 애첩에게 뇌물을 주고 빠져 나올 수 있었다. 무사히 국경 근처까지 왔지만, 국경 관문은 굳게 닫혀 있었고, 진나라 군사가 뒤쫓아 오고 있는 급박한 상황에 봉착하게 되었다. 이때, 닭소리를 잘 내는 식객이 닭소리를 내어 날이 샌 줄 알았던 경비병이 관문을 열어 무사히 탈출할 수 있었다.

세상에 어느 누구라도 나에게 있어 쓸모없는 사람은 없다. 당장 그 사람의 모습이 나에게 쓸모가 있어 보이지 않더라도 관계를 잘 이어 나가다 보면, 분명 언젠가는 나에게 도움이 될 일이 있을 것이다. 인간관계는 달면 삼키고 쓰면 뱉는 관계로 맺는 것은 아니다. 그런 이기적 관계는 결코 오랫동안 좋은 인연이 될 수 없다. 누군가에게 '선의'를 베풀든,

'악의'를 베풀든 모두 다시 내게 돌아오기 마련이다. 다만 모양과 형태가 바뀌어 깨닫지 못할 뿐이다. '선의'를 베풀면, '선의'가 돌아오고, '악의'를 베풀면 '악의'가 돌아오는 것이 삶의 진리인 듯하다.

톱날을 갈아야 할 시기

·
·
·

어떤 사람이 하루는 숲속으로 산책을 나갔다가 큰 나무를 톱으로 열심히 자르고 있는 나무꾼을 만났다. 그런데 나무꾼이 하도 끙끙거리며 애를 쓰고 있기에 다가가서 자세히 보니 톱날이 엉망이었다. 그래서 나무꾼에게 말을 건넸다. "실례지만 제가 보기엔 톱날이 너무 무디군요! 날을 갈아서 쓰면 훨씬 일이 쉬울 텐데요." 그러자 나무꾼은 지친 표정으로 한숨을 내쉬며 말했다. "그럴 시간이 없어요. 나는 이것을 빨리 잘게 쪼개서 장작으로 만들지 않으면 안 됩니다." 바로 우리의 모습인 듯하다. 과연 우린 언제 편하게 쉬며 톱날을 갈아야 할까? 우리는 늘 바쁘게 세상을 살아가고 있다. 일의 우선순위도 정하지 않은 채 늘 당면한 문제에 전전긍긍하면서 바쁘게 살아가고 있다. 어제 개인사업체를 운영하는 대표들 대상으로 특강을 진행했다. 강의를 듣는다고 당장 무엇이 달라질지 알 수는 없지만, 바쁘더라도 톱날을 갈아야겠다는 생각으로 참석한 것이었다. 톱날을 언제 갈아야 가장 효율적인지를 판단할 수 있는 것만으로도 삶의 질이 달라질 수 있다. 손자병법에 보면 "知彼知己, 百戰不殆"라는 말이 있다. 어제는 知彼할 수 있는 방법과 知己할 수 있는 비결에 대해 강의를 했다. 상대방을 알고 나를 알면 원활한 소통능력은 물론이고, 상황판단능력과 위기대처능력을 가질 수 있다.

다모크레스의 칼

.
.
.

　시칠리아 섬의 도시 국가 시라쿠사에 디오니시오스라는 왕이 살고
있었다. 그 왕에게는 다모크레스라는 신하가 있었는데 그는 왕의 비위
를 맞추기 위해 왕 앞에서 늘 왕의 행복을 빌곤 했다. 그런데 다모크레
스는 디오니시오스왕의 부귀영화를 몹시 부러워하고 있었다. 그래서 언
제나 입버릇처럼 "한번만 나도 왕의 자리에 앉아 봤으면…." 하고 꿈꾸
듯 혼잣말을 하고는 했다. 그러던 어느 날, 왕이 다모크레스의 곁을 지
나가다가 우연히 그 소리를 듣고 다모크레스를 불러 말했다. "다모크레
스야! 네가 이 자리를 그토록 부러워하니 며칠 동안만 이 자리에 앉아
보도록 하여라." "예에? 그게 정말이십니까?" 다모크레스는 너무나 뜻밖
의 행운에 두 눈이 황소 눈만큼 커져서 어쩔 줄을 몰라 했다. "꿈속에서
도 그리던 일이 오늘에야 비로소 이루어지는구나!" 다모크레스는 날아
갈 것만 같았다.

　왕좌에 앉은 다모크레스는 좋아서 입이 함지박만 해졌다. 온갖 맛있
는 음식과 술 그리고 어여쁜 시녀들을 보자 더없이 만족스러웠다. "아,
이렇게 좋으니 누군들 왕이 되고 싶지 않겠는가!" 하고 행복감에 흠뻑
젖어 눈까지 지그시 감았다. 그러다가 이상한 예감이 들어서 천장을 올
려다본 다모크레스는 그만 새파랗게 질리고 말았다. 그곳에는 시퍼렇게
날이 선 칼이 한 가닥의 머리카락에 대롱대롱 매달려 있는 것이 아니겠

는가? 다모크레스는 겁에 질려 외쳤다. 그러나 소리는 입 속에서만 맴돌 뿐, 밖으로 나오지를 않았다.

다모크레스는 왕의 자리에 앉아 있는 며칠 동안 언제 목이 달아날지 모른다는 공포와 불안감으로 마음 편한 날이 없었다. 그 후 다모크레스는 터무니없이 왕을 부러워했던 일을 깊이 뉘우치고 자기 일을 성실히 하는 훌륭한 신하가 되었다.

높은 지위는, 누리는 것에 비해 책임져야 할 부분이 더 많은 법이다. 감당할 능력이 있는 사람에게만 그 자리에 있을 자격이 있는 것이다. 의무와 책임을 배제한 권리만을 누릴 수 있는 곳은 아무데도 없다. 지나친 욕심은 스스로를 옭아매는 올가미가 될 수도 있는 것이다.

아킬레스건

⋮

그리스 신화에 나오는 전쟁의 영웅인 아킬레스는 약점이 없는 전사였다. 칼과 창 그리고 화살이 그의 몸 어디를 맞아도 그를 상하게 하지 못했다. 그러므로 그는 전쟁에 나가면 언제나 승리했다. 그가 이처럼 불사의 신이 된 것은 그의 어머니 테티스 때문이었다. 테티스는 아들을 낳자 스틱스 강물 속에 담갔다가 꺼내었고 스틱스 강물이 그에게 보호막이 되었던 것이다. 그런데 그는 한 전쟁에서 우연히 패리스가 쏜 독화살에 발뒤꿈치 바로 위를 맞았다. 그런데 어찌된 일인지 아무리 해도 상처가 나지 않던 아킬레스에게 독화살이 꽂혔고, 그는 죽었다. 왜냐하면 그의 어머니 테티스가 그를 스틱스 강물에 집어넣을 때에 두 손으로 아기의 발목을 잡았었는데, 그 부분에는 물이 묻지 않았던 것이다.

아킬레스가 맞아서 죽었다는, 아킬레스의 유일한 약점이었던 부분을 우리는 "아킬레스건"이라고 부른다. 이 신화는 약점이 하나도 없는 사람은 아무도 없다는 것을 보여 주기 위한 이야기이다. 그리고 그 약점이 그 사람에게 결정적인 실패의 요인이 된다는 것을 일깨워준다. 위의 이야기가 말해주듯이, 이 세상에 완벽한 사람은 없다. 우리 모두가 어딘가 부족해도 부족하고, 어느 곳에 약점이 있어도 있게 마련이다. 사실은 약점의 수가 몇 개인가는 그리 중요하지 않다. 그 약점을 다스리고 극복하는 데 실패하는 것이 더 큰 문제이다.

폭탄 자체 때문에 죽는 사람은 없다. 그 폭탄이 강하게 폭발했을 때 죽게 되는 것이다. 우린 서로 부족함이 있는 사람들이 서로 가진 것을 나누기 위해 만났다. 우리는 모두 완벽한 사람이 아니기에 서로 도움 주고 도움 받고 살아야 하는 것이다. 내가 받는 것보다, 주는 것이 좀 더 많다고 해서 교만할 것도 아니고, 주는 것보다 받는 것이 많다고 해서, 부끄러울 것도 없다. 살다 보면 줄 때도 있고 받을 때도 있기 때문이다.

황금 비늘

:
:
:

어느 연못에 아름다운 황금 비늘을 가진 물고기가 살고 있었다. 황금 비늘이 물결에 반사될 때마다 물고기들은 모두 황금 물고기를 부러워했다. 하지만 자신의 아름다움에 잔뜩 도취된 황금 물고기는 행여 자신의 비늘이 다칠세라 다른 물고기들이 다니지 않는 한적한 길로만 다녔다. 물고기들도 황금 물고기가 자기들을 업신여긴다는 것을 안 뒤로는 가까이 다가가지 않았다. 황금 물고기는 점점 외톨이가 되었고 아무도 자신의 황금 비늘에 관심을 주지 않자 슬퍼졌다. 물고기 마을에 축제가 열려도 멀리서 바라보기만 할 뿐 선뜻 끼워 달라고 부탁할 수도 없었다. 황금 물고기는 아무리 아름다운 비늘을 지니고 있어도 친구가 없는 이상 소용없다는 것을 서서히 깨닫게 되었다.

그 즈음 다른 연못에서 이사 온 물고기가 황금 물고기에게 다가갔다. "황금 물고기야, 너는 참 예쁘구나. 그런데 왜 그렇게 슬픈 표정을 하고 있니?" 외로웠던 황금 물고기는 그와 곧 친구가 되었다. 어느 날 친구 물고기가 황금 물고기에게 부탁했다. "친구야, 너의 아름다운 비늘 하나만 주지 않을래? 그것을 간직하고 싶어." 잠시 망설이던 황금 물고기는 자신의 금 비늘 하나를 내주었다. 황금 비늘을 얻은 친구가 너무 좋아하는 모습을 본 순간 황금 물고기는 비늘 하나를 떼어낸 아픔과는 비교할 수 없을 만큼 기뻤다. 그것을 본 연못의 다른 물고기들도 황금 물고기에게 비늘을 달라고 졸랐다. 황금 물고기는 친구들의 청을 거절하지 않고 황금 비늘을 다 나눠주었다.

그런데 놀라운 일이 일어났다. 분명 황금 비늘을 다 나누어 주었는데, 황금 물고기는 여전이 빛이 나고 있었다. 황금 비늘이 자라나고 있었던 것이다. 그 뒤로 연못 속 물고기들이 하나씩 지니고 있는 황금 비늘이 저마다 빛날 때마다 연못 전체가 황금색으로 아름답게 반짝이게 되었다. 내가 갖고 있는 것을 나누려 하지 않으면 아무도 가까이 오려 하지 않을 것이다. 나눈다고 해서 없어지는 것이 아니다. 내 것을 나누지 않으려는 사람이나, 나눠달라고 부탁을 하지 않는 사람 모두 소중한 기회를 잃는 것은 마찬가지이다. 내가 부탁하지 않으면 내가 원하는 것을 얻을 수 있는 기회는 없을 것이다. 나눈다는 것이 꼭 경제적인 것만은 아니다. 지식, 정보, 돌아보면 나에게도 나눌 것이 정말 많은 것을 알 수 있다. '기쁨을 나누면 배가 되고 슬픔을 나누면 반으로 준다'는 말처럼 무엇이든 나눌 수 있는 열린 마음이 중요하다.

일체유심조 一切唯心造

．
．
．
．

　불교 대승경전의 최고봉으로 평가 받는 『화엄경』에 "모든 것은 마음이 짓는다一切唯心造."라는 유명한 구절이 있다. 모든 것이 마음먹기에 달렸다는 말이다. '경영의 신'이자 '철인'으로 추앙 받는 이나모리 가즈오는 인생의 결과는 사고방식(마음가짐) X 열의 X 능력이라는 그가 고안한 '성공 방정식'의 개념으로 마음가짐의 중요성을 설파하고 있다. 열의와 능력은 늘 플러스지만 사고방식은 마이너스일 수도, 플러스일 수도 있다. 이나모리 가즈오가 사고방식, 즉 어떻게 마음을 먹느냐가 인생의 결과에 가장 큰 영향을 미친다고 말하는 이유가 여기에 있는 것 같다. 아무리 뛰어난 열의와 능력이 있다 하더라도 마음가짐을 어떻게 먹느냐에 따라 인생의 결과가 플러스가 될 수도 있고 마이너스가 될 수도 있을 것이다.

의미를 담아야 희망이 보인다

.
.
.

    루쉰의 『고향』에 보면 "희망이란 본래 있다고도 할 수 없고 없다고도 할 수 없다. 그것은 마치 땅 위의 길과 같은 것이다."라는 말이 있다. 본래 땅 위에는 길이 없었다. 걸어가는 사람이 많아지면서 길이 되었다. 희망 역시 처음부터 있었던 것은 아니다. 아무것도 없는 곳에서도 생겨나는 것이 희망이다. 희망은 희망을 갖는 사람에게만 존재한다. 희망이 있다고 믿는 사람에게는 희망이 있고, 희망 같은 것은 없다고 생각하는 사람에게는 실제로도 희망은 없다. 내가 어떤 생각을 갖고 있느냐에 따라 내 앞에 길이 있을 수도 있고 없을 수도 있다는 생각이 든다. 매달 어김없이 찾아오는 보름달이 유독 8월 한가위에만 달라 보이는 것은 의미를 담기 때문일 것이다.

자신만의 역사

.
.
.

쇼팬하우어의 『희망에 대하여』란 책에 보면, "좌절을 경험한 사람은 자신만의 역사를 갖게 된다."라는 글귀가 있다. 그렇다. 시련을 경험한 사람만이, 인생을 통찰할 수 있는 지혜를 얻는 길로 들어설 수 있다. 강을 거슬러 헤엄치는 사람만이 물결의 세기를 알 수 있는 것처럼, 시련은 세상 풍파의 세기가 얼마인지를 아는 계기가 될 수 있다. 시련에 대처하는 방법에 따라 삶이 바뀌게 된다. 힘들고 지칠 때는 강물에 몸을 맡기고 흐르는 대로 사는 인생도 나름 멋이 있다. 하지만, 늘 강물이 흐르는 대로만 살면, 내 의지가 아닌 강물의 의지에 따라 흘러갈 수밖에 없는 인생이 되고 말 것이다. 힘은 들지만 때로는 내 인생의 소중한 것을 얻기 위해 강을 거슬러 올라가야 할 때가 있다. 그렇게 강을 거슬러 올라가기 위해서는 용기와 체력, 끈기와 열정, 포기하지 않는 집념이 있어야 한다.

세 가지 체

·
·
·

소크라테스는 남의 말을 할 때는 항상 세 가지 체에 거른 다음 말하라고 하였다.

'진실의 체', 내가 하고자 하는 말이 진실인지, '선한 체', 내가 하고자하는 말이 선한 의도가 있는 것인지, '꼭 필요한 말인지의 체'의 3가지 '체'이다. 내가 말하고자 하는 말이 진실하지도 않고 선한 것도 아니고, 필요한 것도 아니라면, 그 말을 전하면서 생기는 쓸데없는 부정적인 감정으로 내 마음을 언짢게 할 필요는 없을 것이다. 희한하게도 본인에게 전해지지 않을 것 같은 말도, 결국 돌아 돌아서 본인 귀에 들어가게 된다. 『논어』는 "배우고 때로 익히면 또한 즐겁지 아니한가?學而時習之 不亦說乎?"로 첫 장 첫 줄을 시작하지만 마지막 장 끝 구절은 "말을 알지 못하면 사람을 알 수 없다不知言 無以知人也."라고 했다. 사람과의 관계는 말로 인해 이어진다. '말'이라는 그릇에 어떤 내용을 담아내는지에 따라 품격이 달라진다. 적어도 내가 누군가에 대한 평을 할 때 '세 가지 체'에 거른 다음 말을 하게 된다면, 말로 인해 인품을 해치는 일은 없을 것이다.

가장 뛰어난 아부

．
．
．

버나드 쇼는 "당신이 누군가에게 아부한다는 것은, 당신이 그를 아부할 만한 가치가 있는 사람이라고 여기기 때문이다."라고 말했다. 아부를 하는데 돈이 든다거나, 또는 아부를 했다고 고소를 당하거나 이런 일은 절대 없다. 아부란 내 마음에 없는 말로 상대방을 기분 좋게 한다는 의미로 받아들이기도 하지만, 아부는 상대를 존중할 만한 가치 있는 인물로 만들어 주는 구체적인 행동이기도 하다. 아부는 전략적인 칭찬의 기술이다. 칭찬을 하면 좋다는 것을 알면서도 칭찬을 어떻게 어느 때 해야 할지 몰라서 못 하는 경우도 많다. 얼마 전 『칭찬은 고래도 춤추게 한다』는 책이 베스트셀러로 자리 잡았었고, '칭찬합시다'라는 방송 프로그램까지 가세해서 대한민국에 칭찬 열풍이 불었던 적이 있었다. 칭찬 한마디가 얼마나 사람에게 용기와 희망을 불어넣을 수 있는지는 굳이 더 말하지 않아도 될 것이다.

링컨의 "칭찬을 마다할 사람이 어디 있단 말인가!"라는 말을 인용하면, "아부를 마다할 사람이 어디 있단 말인가!"라고 바꿔도 될 듯하다. 아부는 서로를 기쁘게 하는 상호 이타주의 행동이다. '존 스튜어트 밀'은 "네가 대접받고 싶은 대로 대접하라."라고 했다. 자신이 칭찬 받고 싶은 만큼 사람을 칭찬하라는 것이다. 미국의 탁월한 사회학자 '어빙 고프만'은 만일 필요한 상황에서 아부하지 않으면, 우리의 일상적 삶은 엄청난 혼란에 빠지게 될 것이라고 지적했다. 적절한 아부야말로 인간관계를 원활하게 해주는 윤활유이다. 경청도 아부다. 많은 사람들이 아부를 잘하는 사람을 달변가라고 지레짐작하지만, 화자에게 상당한 관심을 기울이는 뛰어난 경청자야말로 아부를 잘하는 사람이다. 화자를 우쭐하게 만드는 적극적인 경청과 상대의 말을 가로채지 않는 것처럼 뛰어난 아부는 없다.

고난과 시련을 이겨내는 힘, 태도 Attitude

.
:
.

1. 끈기: 성공하지 못한 사람들이 갖지 못한 것.

2. 간절한 마음: 간절히 원하지 않는데 최선을 다할 수 없다.

3. 피하지 말고 부딪혀라: 긴 인생에 역경은 반드시 있다. 피하지 말고 정면으로 부딪히는 절박함이 필요하다(상황회피형 인간이 되지 마라).

4. 집중력: 올바른 판단은 일의 성패를 좌우. 올바른 판단은 날카로운 관찰력이 필요하고 관찰력을 키우기 위해서는 정신집중이 필요.

5. 기본적인 진리와 원칙: 인간의 도덕과 윤리에 기초한 원리원칙에 기초한 판단은 시공을 초월하여 통한다.

6. 긍정적 사고방식: 현상은 관찰자의 주관에 좌우되니 되도록 현상을 선하게 보려는 습관을 길러라.

- 이나모리 가즈오의 『일심일언』 중에서

    왜 일을 해야 하는지, 어떻게 살아가야 하는지 방향이 보이지 않을 때 뒷덜미를 꼭 잡아 일으키는 강력한 한마디가 필요하다. '경영의 신'이라 불리는 '이나모리 가즈오', 평생 승승장구 성공한 듯 보이는 그도 일을 하며 도망치고 싶은 순간이 있었노라고, 인생이 고민의 연속이었노라고 고백했다. 살아가다 보면 언제든 높이가 보이지 않는 장애물과 맞닥뜨리며, 고난과 시련을 겪을 때가 있다. 그 인생의 장애물은 어차피 내가 넘어야 할 장애물이어서 뛰어넘든가, 돌아가든가, 땅굴을 파든가 결국 내가 넘어야 할 내 인생의 숙제다. 미룬다고 해결될 일도, 피한다고 없어질 일도 아니다. 어차피 넘어야 할 장애물이라면 부정적이고 비관적인 생각으로 시간 낭비, 인생 낭비하지 말고, 넘을 수 있는 방법을 모색하는 것이 가장 바람직할 것이다.

단순하게 산다는 것은

·
·
·

단순하게 산다는 것은 정말 소중한 것을 위해서 덜 소중한 것을 덜어내는 것이다. 하지만 많은 사람들은 별것 아닌 것에 의해 별것이 침해당하는 삶을 살고 때로는 사소한 것에 목숨을 걸기도 한다. 한 신문 기자가 프랑코 총독에게 물었다. "총독께서는 행복해지는 비결을 알고 계십니까?" 프랑코 총독은 껄껄 웃으며 대답했다. "난 행복해지는 비결은 모르지만 불행해지는 비결은 알고 있소." 기자가 되물었다. "그럼 불행해지는 비결은 무엇입니까?" "불행해지는 비결은 첫째, 남처럼 행복했으면하고 바라는 것이고, 둘째는 청년 시절처럼 아름다운 날을 가졌으면 하고 기대하는 마음이오." 불행의 시초는 후회하는 마음과 비교하는 마음에서 온다는 의미이다. 과거를 돌아보며 추억하는 마음보다 후회하는 마음이 앞서기 때문에 불행하고, 어제의 나와 비교하는 것이 아니라, 다른 사람과 비교하기 때문에 불행해진다는 것이다. 원래 이 세상이 처음 이루어졌을 때 인간에게는 같은 양의 행복이 미리 주어져 있었다고 한다. 신께서는 이 행복을 마음먹기에 따라 찾을 수 있도록 인간의 마음속에 꼭꼭 숨겨놓았다고 한다. 행복을 밖에서 찾으려고 아무리 노력해도 행복할 수 없는 이유이다.

예전에 중학교 때 읽었던 '포오터'의 소설인 『파레아나의 편지』라는 동화책에서 주인공 '파레아나'의 '기쁨 찾기' 놀이는 행복하게 살 수 있는 행복놀이다. 부모님을 잃고 이모 집에 살게 된 11살 아이의 기쁨 찾는 좁은 방은 액자도 거울도 없이 달랑 창문 하나에 바깥으로 푸른 나무만 보일 뿐인데도 "괜찮아, 액자가 없어도 저렇게 좋은 경치가 있으면 그림 따위 안 봐도 돼요." "거울이 없는 것도 기뻐요. 거울이 없으면 주근깨를 안 봐도 되니까." 또한 다리 하나가 부러졌는데, "다리 하나만 부러져서 정말 다행이다. 다른 다리 하나로 지탱할 수 있으니." 이렇게 '그럼에도 불구하고 다행이다.'라고 생각하며 감사하게 생각하는 마음이 바로 '기쁨 찾기'이다. 내 안에 있는 행복을 찾아 행복할 수 있는 비결이다. 행복은 '파레아나'처럼 '기쁨 찾기'를 할 때 찾아오는 선물이다.

최선을 다한 사랑

∙
∙
∙

소와 사자가 있었다. 둘은 죽도록 사랑해서 결혼해 살게 되었다. 둘은 최선을 다하기로 약속했다. 소가 최선을 다해서 맛있는 풀을 날마다 사자에게 주었다. 사자는 싫었지만 참았다. 사자도 최선을 다해서 맛있는 살코기를 날마다 소에게 주었다. 소도 괴로웠지만 참았다. 하지만 참을성은 한계가 있었다. 둘은 마주 앉아 이야기했지만, 서로 자신이 잘한 것만 이야기하면서 다투다 끝내 헤어지고 말았다. 헤어지고 서로에게 한 말은 "난 최선을 다했어."였다.

흔하게 접하는 내용이지만, 시사하는 바가 많은 글이다. 알면서도 놓치는 부분이기도 하다. 부부 코칭을 하다 보면, 아직도 이렇게 사는 부부들이 꽤 많다는 것을 알게 된다. 소와 사자처럼 자신이 좋아하는 것을 주면서 소통하는 사람들이 많은 것을 보게 된다. 소가 소의 눈으로만 세상을 보고, 판단을 하고 행동을 하고, 사자가 사자의 눈으로만 세상을 보면 그들의 세상은 혼자 사는 무인도나 마찬가지이다. 소나 사자가 상대방에 대한 배려 없이 내가 좋아하는 것을 상대방에게 주는 '이기적인 사랑'은 약이 아니라 독이 될 수도 있다는 것을 깨달아야 한다.

고슴도치 두 마리

·
·
·

　추운 겨울날 고슴도치 두 마리가 서로 사랑했다. 추위에 떠는 상대를 보다 못해 자신의 온기를 전해주려던 그들은 가까이 다가서면 설수록 서로에게 상처만 준다는 것을 알았다. 안고 싶어도 안지 못했던 그들은, 자신들의 몸에 난 가시에 다치지 않을 정도의 적당한 거리에 함께 서 있었다. 비록 자신의 온기를 다 줄 수 없어도 그들은 서로 행복했다. 독일의 철학자 쇼펜하우어의 '고슴도치 딜레마'이다. 고사성어 중에는 '불가근 불가원不可近 不可遠'이란 말이 있는데 사랑은 적당한 거리에서 서로의 온기를 느끼는 것이다. 멀지도 않고 가깝지도 않은 적당한 거리에서 바라봐 주는 것이다. 움켜쥐려 하고, 소유하려고 하는 데서 우리는 상처를 입게 마련이다. 사랑은 모래와 같아서 움켜쥐려 하면 할수록 손가락 사이로 빠져나가고 만다. 누군가를 사랑한다는 이유로 상대방의 가시와 내 가시의 날카로움은 생각지 않은 채 구속하려 하고 부둥켜안으려고 한다면 분명 그 사랑은 오래가지 못하고 만다. 진심으로 사랑한다면, 서로에게 상처를 입히지 않는 거리를 유지해야 그 사랑이 오래갈 수 있다.

거필택린居必澤隣

백만매택百萬買宅, 천만매린千萬買隣이란 말이 있다. 중국 남북조시대 송계아宋季雅라는 고위 관리가 정년퇴직에 대비해 자신이 살 집을 보러 다녔다. 그런데 지인들이 추천해 준 몇 곳을 다녀보았으나 마음에 들지 않던 그가 집값이 백만 금밖에 안 되는 집을 천만 금을 주고 여승진呂僧珍이라는 사람의 이웃집을 사서 이사했다. 이 이야기를 들은 이웃집의 '여승진'이 그 이유를 물었다. 송계아의 대답은 간단했다. '백만 금'은 집값으로 지불했고(백만매택(百萬買宅)), 천만 금은 여승진과 이웃이 되기 위한 값(천만매린(千萬買隣))이라고 답했다고 한다. 좋은 사람과 가까이 지내는 데는 집값의 열 배를 더 내도 아깝지 않다는 의미이다.

거필택린居必澤隣이라 했다. 이웃을 선택해서 살 집을 정해야 한다는 옛사람들의 철학이다. 여러 인간관계 속에서 나에게 지혜를 나눠줄 사람인지, 정을 베풀 사람인지, 설혹 나와 의견이 맞지 않는다 하더라도 격려와 지지를 해줄 사람인지, 내 주변의 이웃은 어떤 사람들인지 되돌아볼 수 있어야겠다.

말은 생각을 담는 그릇

•
•
•

유태인 학생들이 탈무드를 공부하는 도중에 담배를 '피워도 되는지? 피우면 안 되는지?'라는 문제가 화제가 되었다. 한 유태인 학생이 스승에게 물었다. "스승님, 탈무드를 공부할 때 담배를 피워도 괜찮습니까?" "안 돼." 스승은 냉혹한 어조로 말했다. 그것을 본 다른 유태인 학생이 "너는 묻는 방법이 잘못되었어. 내가 하는 걸 잘 봐." 하며 스승에게 다시 물었다. "스승님 담배를 피우는 동안에도 탈무드를 읽어야겠지요?" "물론이지. 읽어야 하고말고." 스승은 믿음직스럽다는 듯이 고개를 끄덕였다. 같은 말이라도 어떤 상황에서 어떻게 말하는가에 따라서 이렇게 큰 차이를 만드는 법이다. 말은 생각을 담는 그릇이다. 내 생각을 어떤 그릇에 어떻게 담느냐에 따라 말 모양과 말의 색깔이 달라질 수 있다. 자신의 가슴속에 담아 둔 말을, 필요한 때에 가장 적절하게 할 수 있는 지혜가 그 무엇보다 중요하다.

선업의 선순환

·
·
·

모기 한 마리가 사자를 보았다. 모기는 아무리 큰 동물이라도 침으로 쏘아서 피를 빨아먹는다. 그러므로 코끼리도, 호랑이도 무서워하지 않는다. 모기는 사자 등에 앉아서 침을 쏘아 한입 가득 피를 빨아 삼켰다. 사자는 등이 따끔하자 소리쳤다. "네 이놈! 얼른 등에서 떨어지지 못하겠느냐? 하찮은 모기가 감히!" 모기가 발끈하여 소리쳤다. "네가 세면 얼마나 세냐! 네가 아무리 세도 동물 잡는 데나 필요하지 나에게는 아무 소용없다. 그러므로 너 따위 겁 안 난다. 내가 너보다 더 세다!" 사자는 기가 찼다. "까불지 마라. 입으로는 무슨 말을 못 하겠느냐." 모기는 앵하는 소리를 내며 사자에게 달려들어 털이 적은 코와, 눈과 입 근처를 찔렀다. 사자는 앞발로 코에 붙은 모기를 때리다가 코만 발톱에 할퀴고 말았다. 모기는 요리조리 사자를 쏘아댔다. 사자는 지쳐서 모기를 더 이상 어떻게 할 수 없었다.

모기는 사자를 이겼다고 의기양양하였다. "세상에서 누가 나를 이기겠는가. 가장 힘센 사자도 나에게 무릎을 꿇었는데!" 모기는 거드름을 피우며 숲속의 나무 사이로 날아갔다. 그런데 거미줄에 걸렸다. 거미는 거미줄이 요동을 치자 나와서 말하였다. "한입 거리도 안 되는 것이 걸려서 거미줄만 버려 놓았네. 내버려 두면 말라 비틀어져서 없어지겠지." 거미는 모기를 내버려 두고 둥지로 들어가려다가 모기가 시끄럽게 요동

42

을 치자 독침을 놓았다. 모기는 거미줄에 걸린 채로 죽어가며 탄식했다.

"이 세상에서 가장 강한 사자도 이긴 내가 거미 같은 하찮은 벌레에게 잡혀 죽다니 서글픈 일이로다."

이 우화를 통해서 우리는 아무리 힘이 세어도 힘만으로 안 되는 일이 있고, 아무리 힘이 없어도 자신만이 갖고 있는 소중한 가치가 있다는 것을 알 수 있다. 영원한 갑도 없고 영원한 을도 없다. 이것이 서로 돕고 살아야 하는 이유기도 하다. 우리는 서로 비교해야 할 대상이 아니라, 서로 다름을 인정하고 서로 협업하며 살아야 할 대상이다. 지금 힘이 있다고 오만무도할 것도 없고, 지금 힘이 없다고 비굴할 필요도 없다. 내가 누군가에게 도움을 주면 내가 도움이 필요할 때 누군가로부터 도움을 받을 수 있는 '선업'의 선순환을 이룰 수 있다.

지금 정말 힘들다는 것은

⋮

만화 '딜버트Dilbert'로 일약 세계적인 만화가가 된 스콧 애덤스Scott Adams 도 한때 낮은 임금을 받는 공장의 말단 직원이었다. 그때 그는 자신의 사무실 책상에 하루에도 몇 번씩 낙서를 하곤 했는데, 그가 끊임없이 썼던 글귀는 "나는 신문에 만화를 연재하는 유명한 만화가가 될 것이다." 였다. 그는 이 문장을 하루에 열다섯 번씩 써 내려갔다. 그때까지 그의 만화는 수많은 신문사들로부터 계속 거절당하고 있었지만 애덤스는 포기하지 않았다. 그러기를 수백 번, 그는 마침내 한 신문사와 만화 연재 계약을 맺게 되었다. 자신의 첫 번째 꿈을 이룬 것이다. 그러자 그는 지금껏 썼던 문구를 "나는 세계 최고의 만화가가 되겠다."라고 바꿨다. 그리고 하루에 열다섯 번씩 그 문구를 쓰기 시작했다. 그의 두 번째 꿈은 이루어졌을까? 현재 딜버트 만화는 전 세계적으로 2천 종의 신문에 연재되고 있다.

웹사이트인 '딜버트 존Dilbert ZONE'의 하루 평균 방문자 수는 10만 명이 넘는다고 한다. 이제 세계 어디를 가도 딜버트 캐릭터로 장식되어 있는 커피 잔, 컴퓨터 마우스 패드, 탁상 다이어리와 캘린더들을 볼 수 있다. 이제 스콧 애덤스는 하루에 열다섯 번씩 이런 말을 적고 있다. "나는 퓰리처상을 받을 것이다." 자꾸 쓰러진다는 것은 뭔가를 시도하고 있기 때문이다. 자꾸 쓰러지는 것은 무엇이든 꼭 이룰 것이 있기 때문이다. 지금 길을 잃어버린 것은 가야만 할 길이 있기 때문이고, 뭔가 일이 가닥이 잡히지 않는 것은 길을 찾으려는 노력이 있기 때문이다. 지금 정말 힘들다는 것은 뭔가 이룰 것이 있다는 희망 때문이다.

네 형제의 포도주

네 형제가 모여 새 사업체를 만들고 개업파티를 열기로 했다. 축하파티를 위해 포도주가 필요했던 그들은 포도주 값이 비쌌기 때문에 각자 집에 있는 똑같은 품질의 포도주를 가져다가 커다란 그릇에 모으기로 했다. 집으로 돌아간 그들은 각자 같은 품질의 포도주를 골랐다. 그런데 막내는 포도주 대신 물을 가져가서 슬쩍 부으면 된다고 생각했다. '포도주가 섞이면 내가 물을 넣는다고 해도 아무도 모를 거야.' 드디어 파티가 열리는 날, 네 형제는 각자 가져온 포도주를 큰 그릇에 담았다. 그런데 그릇에 모인 것은 포도주가 아니라 맹물이었다. 알고 보니 네 형제 모두 물을 가져다 부었던 것이다. 그들은 하나같이 이런 생각을 했던 것이다. '다른 사람이 하겠지, 뭐….' '나 하나쯤이야~!' 다들 '어떻게 그럴 수가 있어?'라고 하겠지만, 우리의 마음에도 이 네 형제의 생각과 똑같은 생각을 갖고 살아가고 있진 않은지? 그것은 곧, 함께 망하는 지름길이다.

직장생활을 하면서도 똑같이 월급 받는데, 왜 나만 야근하고, 왜 나만 일을 많이 해야 하는지에 대해 회의가 들 때가 왕왕 있다. 하지만 일의 성과로 연결되는 기본원리를 이해하고, 그 원리를 실전에 적용해서 성과를 내는 '역량'은 남이 대신 일을 해주어서는 절대로 생기지 않는다. 오로지 본인이 힘든 역경을 이겨 낼 때 경험을 통해서만 얻어질 수 있다. 부모님을 모시고 살아야 할 일이 생겼을 때에도, '다른 형제도 있는

데, 왜 나만 해야 하지?라는 생각과 함께 다른 형제에게 미루는 마음이 들 수도 있다. 하지만, 곰곰이 생각해보면, 부모님에게는 여러 자녀지만, 나한테는 단 한 분뿐인 부모님이다. 부모님께서는 자녀들에게 주실 사랑도 나누고 받아야 할 사랑도 나누어 받으실 수 있지만, 자녀 입장에서는 해야 할 도리를 다른 형제자매들과 나눌 권리는 없다. 직장에서든, 가정에서든, 무언가를 해야 할 때, 남이 하고 안 하고가 중요한 게 아니라, 내가 해야 할 일인지 아닌지만 생각하는 게 중요하다.

지금이라는 '시간'

:
:
:

영국의 수필가 찰스 램은 오랫동안 인도에 있는 한 회사에서 월급쟁이 생활을 했다. 아침 10시부터 오후 5시까지 꼬박 일을 하다 보니 마음대로 글을 쓰거나 책을 읽을 수가 없었다. 그래서 늘 자기가 하고 싶은 일을 할 수 있는 자유로운 시간을 아쉬워하곤 했다. 세월이 흘러 그가 정년퇴직을 하게 되었다. 그날따라 모양을 내고 마지막 출근을 했다. "선생님, 명예로운 정년퇴직을 축하합니다. 이제 밤에만 쓰던 작품을 낮에도 쓰게 되셨으니 작품이 더욱 빛나겠군요." "햇빛을 보고 쓰는 글이니 별빛을 보고 쓰는 글보다 빛이 날 건 당연한 일이지. 자, 그럼 나는 사장실에 들어가 봐야겠어." 그는 여사무원에게 이렇게 말하고는 복도를 걸으면서 혼자 중얼거렸습니다. "아아. 이렇게 자유로운 몸이 되기를 얼마나 애타게 기다렸던가…." 월급쟁이 생활을 청산하는 그는 가벼운 흥분마저 느끼고 있었다. 마음껏 읽고 쓸 수 있는 시간을 갖게 된 기쁨 때문이었다. 그러나 그로부터 3년 후 그는 정년퇴직을 축하해 주었던 여사무원에게 다음과 같은 편지를 보냈다.

'사람이 하는 일 없이 지내는 것이 얼마나 못 견딜 노릇인가를 이제야 알게 되었다오. 할 일 없이 빈둥대다 보면, 자신도 모르는 사이에 스스로를 학대하는 마음이 생기는데 그건 참으로 불행한 일이오. 아가씨는 부디 내 말을 가슴에 잘 새겨 언제나 보람 있는 나날을 꾸며가기 바라

오. 찰스 램으로부터.'

　우리는 늘 시간에 쫓겨서 하고 싶은 일을 하지 못하면서 산다고 하지만, 시간이 없는 것이 아니라, 시간을 잘 쓰지 못할 뿐이다. 혹시 지금 하시는 일에 만족하고 있는가? 혹은 자신의 일이 너무 바빠서, 또는 한가로워서 불평을 하고 있지는 않는가? 현재의 위치나 하고 있는 일에 만족하며 산다는 것이 얼마나 중요한지는 세월이 한참 지난 후에야 알게 될 확률이 높다. 지금의 일이 바쁘다면 그만큼 활력이 있어 좋은 것이고, 또 한가롭다면 내일을 위해 준비하는 시간을 가질 수 있다. 시간이 많고 적음이 중요한 것이 아니라, 지금의 내 시간을 어떻게 생각하고 어떻게 쓰고 있는지가 중요하다.

반드시 실패하고 싶은 사람들에게

.
.
.

★ 강 건너 불구경: 목표를 설정하지 말라. 모든 것이 코앞에 닥칠 때까지 기다리고, 직장이나 가정에서 당신이 결정해야 할 것들을 다른 사람이 정하게 하라.

★ 부정적 사고: 당신의 목표와 계획, 행위가 지닌 부정적 측면에 정신을 집중함으로써 당신에게 부여된 동기를 훼손시켜라. 수프에서 머리카락을 찾으려고 노력하라.

★ 무계획: 계획을 세우는 것을 중지하라. 항상 즉흥적으로 행동하라. 그럼으로써 모든 것을 우연의 힘과 타인의 손에 내맡겨라.

★ 무기력: 수동적으로 행동하라. 다른 사람들이 어떻게 하는지를 관망하고 그들이 도와주기만을 기다려라. 당신이 직접 행동해야 할 때가 되면 적절한 핑계를 생각해내라.

★ 침소봉대: 작은 장애를 크게 부각시키고 큰 장애는 엄청나게 크게 만들어라. 모든 도움의 손길을 거부하라. 문제가 없을 때는 어떤 문제든 만들어내라, 장애가 생기면 즉시 그 일을 중단하라. 실패를 겪을 때마다 자신을 영원한 패배자로 규정하고 침대로 들어가 이불을 뒤집어써라.

- 토마스 호헨제의 『당당한 게으름』 중에서

위 글을 보면, 실패의 구조는 성공의 구조와 똑같은 원리로 작동하는 것을 확인할 수 있다. 따라서 우리는 잘못된 길에 들어섰다는 것을 아는 순간 방향을 돌려 성공의 단계를 하나씩 밟아나가면 된다. 지금 내가 하고 있는 것이 잘하고 있는 것인지 못하고 있는 것인지를 아는 능력이 바로 '메타 인지 능력'이다. 나의 지금의 상태를 정확히 판단할 수 있어야 전략을 세울 수 있고, 계획을 세울 수 있고, 방향을 잘 잡을 수 있을 것이다. 실패는 내가 원하는 것에 아직 도달하지 않은 상태일 따름이다. 실패를 사실 그대로 받아들이되 '경험'이라는 피드백을 얻었다 생각한다면, 언젠가는 내가 원하는 목적지에 도달할 수 있을 거라 생각한다.

죽음이 찾아오기 전에

:

행동하라! 무엇인가를 행하라! 하찮은 것이라도 상관없다. 죽음이
찾아오기 전에 당신의 생명을 의미 있는 뭔가로 만들라. 당신은 쓸
데없이 태어난 것이 아니다. 당신이 무엇을 위하여 태어났는지를
발견하라. 당신은 우연히 태어난 것이 아니다. 명심하라.
- 베르나르 베르베르의 『개미』 중에서

원하는 일이 잘 안 된다고, 스스로를 아무 의미 없다고 생각하지는 않
았으면 좋겠다. 좌절을 느낄 때 거기서 주저앉을 것이 아니라 그것을 발
판 삼아 딛고 일어날 수 있도록 생각의 방향을 바꿔보는 것은 어떨까?
삶에 있어 정말 중요한 것은 삶의 의미를 찾는 것이 아니다. 마약을 하
는 사람들 인터뷰를 통하여 보게 되면 마약을 하는 이유가 즐거움을 찾
기 위한 것보다는 마약을 통하여 자신들이 겪는 삶의 무의미를 '어떻게
하면 뛰어 넘을까? 하는 무의미한 현실에 대한 도피 행위인 것을 알 수
있다. 의미 있는 삶이란 어떤 삶일지를 생각해보게 된다. 해머튼의 『지
적 즐거움』이란 책에서 보면, 의미 있는 삶을 살기 위해서는 전략과 연
습이 필요하다고 한다. 첫째, 육체적인 건강이 기반이 되어야 하고, 둘
째는 가난을 벗어나기 위한 금전적인 것이 해결되어야 하는데, 가난을
벗어나야 하는 이유는 가난으로 인해 지적 성장을 방해받기 때문이라고

저자는 말한다. 바로 '시간'을 지키기 위한 방패로 돈을 사용하라는 의미이다. 시간을 어떻게 써야 하는지가 바로 삶의 의미를 가져가는 일이다. '크로노스 타임'과 '카이로스 타임.' 결국 삶의 의미를 결정하는 것은 바로 '시간'이다. 시간에 쫓기는 삶이 아닌, 시간을 자유롭게 쓸 수 있는 변화를 만드는 것이 중요하다.

·
·
·
·
·

2

인생에
늦은 때는
없다

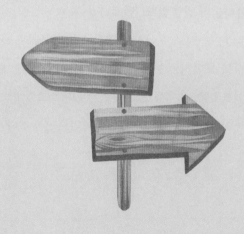

여우와 신 포도

.
.
.

이솝 우화에 여우와 신 포도 이야기가 나온다. 높은 가지에 달려 있는 포도를 발견한 배고픈 여우는 포도에 손이 닿지 않자 '저 포도는 아직 덜 익어서 엄청 시고 맛없을 거야.'라고 중얼거리며 포기해버린다. 여우는 갈등 끝에 '저 포도는 익지 않았을 거야.'라고 자위하며 포기를 정당화한다. 포도를 먹고 싶어도 자신의 능력으로 포도를 딸 수 없어 여우가 느끼는 심적인 불편함처럼 행동과 생각이 따로 놀아 느끼게 되는 불편함을 심리학에서는 '인지부조화'라고 한다. 사람들은 보통 이러한 인지부조화를 줄이기 위해 자신들의 행동이나 생각을 변화시키기 마련이다. 담배가 몸에 해롭다는 것은 확인된 사실인데도 담배를 끊지 못하는 사람들은 정신의학자들의 말을 빌려 '담배를 피우는 게 오히려 정신 건강에 도움이 된다더라.'는 말로 자신의 흡연을 정당화하기도 한다. 이렇듯 우리의 판단에는 늘 보이지 않는 어떤 힘이 작용하고 있다. 오늘은 조금 더 노력하고 최선을 다하여 행동으로 옮기기보다 스스로 합리화하며 포기한 일은 없었는지, 한 번쯤 되돌아보는 날이었으면 좋겠다.

만약 두루미가 여우와 대화를 시도했다면

:
:
:

직장에서나 가정에서 소통疏通이 원활하지 않아 사회는 갈등을 겪는다. 사람과 사람이 만나 의견이 모이고 원활하게 소통이 되어야 변화가 일어나며 성과를 낼 수 있다. 우리는 다양한 경험을 통해 소통이 긍정적 결과를 낳는다는 것을 이미 알고 있다. 다음은 익히 알려져 있는 이솝우화에 나오는 여우와 두루미 이야기이다. "여우는 먼 여행에서 돌아온 두루미를 저녁식사에 초대했습니다. 하지만, 여우는 두루미가 먹을 수 없는 납작한 접시에 음식을 담아 대접했습니다. 아무것도 먹지 못한 두루미가 이번에는 여우를 자신의 집으로 초대했죠. 그리고는 여우가 음식을 먹을 수 없도록 주둥이가 긴 병에 음식을 담아 내왔습니다. 결국 여우도 식사를 할 수가 없었습니다."

아마도 여우와 두루미는 이제 함께 식사하기 어려울 뿐 아니라 어쩌면 평생을 서로 싫어할 수도 있다. 여우가 잘못을 했지만 그것을 악의로 갚은 두루미가 더 문제이다. 만약 두루미가 여우와 대화를 시도했다면 다른 결말이 되었을 것이다. 우리는 평소 여우와 두루미 같은 경우를 범하고 있지는 않은지 점검하고 서로를 이해하기 위해 서로 간의 차이를 인정하고, 다름을 인지하고, 질문과 경청으로 상대방의 생각과 의지를 알아야 한다. 직장 상사가 부하 직원의 적극적인 의견 표명을 이해하지 못하고, 무시하거나, 언짢아하면 다시는 좋은 의견을 내지 않을 것이고, 나쁜 감정을 가지게 된다. 부하 직원 역시 상사가 일하는 스타일을 인정하지 못하면 마음속으로 존경할 수 없을 것이다. 차이의 인정 없이 조정과 변화는 불가능하다. 부부간의 불통은 요즘 '졸혼'이라는 말이 유행할 만큼 부부간의 위기를 초래하고 황혼 이혼에까지 이르게 한다. 서로 소통하는 방법을 모르니, 가슴에 '화'만 쌓이게 된다. 불통은 망국의 병이다.

닻 내림

∵

판사들이 쉬는 시간에 기자들로 하여금 전화를 걸어서 이렇게 질문을 던지게 했다. "형량이 3년 이하인가요?" "형량이 1년 이하인가요?" 같은 강간범 재판이었지만 재판 전에 어떤 질문을 사전에 받았나에 따라서 전혀 다른 선고결과가 이어졌다. '형량이 3년 이하인가'라는 질문을 받았던 판사들은 33개월 징역형을 선고하였다. 반면에 '형량이 1년 이하인가'라는 질문을 받았던 판사들은 25개월의 징역형을 선고하였다.

2006년에 독일 심리학자인 프리츠 스트랙Frits Strack과 토머스 무스바일러Thomas Mussweiler는 강간범 재판을 맡은 판사들의 마음 속 판단에 관한 실험을 했더니, 이런 놀라운 결과가 나왔다고 한다. 마음속에 어떠한 내용을 담느냐에 따라 생각과 그 결과는 전혀 달라지는 경우다. 이미 시간이 지나서 변화는 쉽지 않겠다는 '생각' 자체는 바로 '마음'을 바로 세우면서 변화하기 시작한다. 이러한 것을 행동경제학behavioral economics에서는 '앵커링anchoring'이라고 하기도 하고 '닻 내림'이라고 부르기도 한다.

배가 항구에 정박하기 위해서 닻을 내리면 그 닻이 내려진 곳에서 크게 움직일 수

가 없다. 내려진 닻의 길이만큼만 움직이기 때문이다. 그것이 바로 마음의 한계인 것이다. 생각의 크기는 마음에 어떤 닻이 내려져 있냐에 따라 다르며 그 깊이만큼 생각은 갇혀버리게 된다. 상대방을 바라볼 때, '마음의 안경'을 쓰고 바라보면 감정을 읽을 수 있다. 사실이 보이기보다는 상대방의 진실이 보이게 된다. 보이는 것을 이야기할 때 상대방과의 관계도 회복할 수 있다. '사실의 안경'을 쓰고 사실만 이야기하면 상대방의 마음을 읽어주기보다는 부족한 부분을 찾아서 이야기하게 된다. 우리는 대부분 '마음의 안경'보다는 '사실의 안경'으로 보이는 부분만을 보고 판단하고 결정하고 평가를 하게 된다. 서로서로 상대방의 진실을 읽고 마음을 나누다 보면 진심이 모여 좋은 관계를 이루게 될 것이다.

길을 잃는 것은

.
.
.

길을 잃는 것은 새로운 것을 발견하는 기회이다. 새로운 것들을 찾으려면 익숙한 것들을 뿌리치고 미지의 세계로 뛰어들어야 한다. 그대의 앞길이 막혀 있다면, 이제부터는 비상이다. 날개를 펴라! 미래로 날아라! 해와 달을 밟고 세상 밖으로 도약하라.

- 『곁에 두고 읽는 장자』 중에서

길이 막혀 앞이 깜깜한 적이 있었다. 10년 동안 운영했던 사업이 어느 순간 막바지에 다다랐다는 것을 느꼈던 순간이었다. 그런데 과감하게 그 일을 정리하는 순간 깜깜했던 벽에 문이 열리며 다른 길이 열렸고 그 길을 선택하면서 필자의 삶이 바뀌기 시작했다. 그 사업이 잘되었다면, 필자는 돈을 벌기 위한 목적으로 삶을 살았을 것이다.

똑같은 한 걸음 다른 방향

·
·
·

'백룡마'라는 말이 있었다. 이 말은 당나라 승려를 따라 서천에 가서 불경을 가지고 돌아오자 명성이 천하에 울려 퍼졌다. 사람들은 백룡마를 '세상에서 제일가는 명마'라고 치켜세웠고 많은 당나귀와 말도 백룡마를 부러워했다. 성공하기를 원하는 당나귀와 말이 백룡마를 찾아와 물었다. "저는 열심히 일합니다. 그런데 왜 성공하지 못하는 겁니까?" 그러자 백룡마는 "제가 한 걸음 걸을 때 당신들도 한 걸음 걸었을 거예요. 다만 저는 목표가 분명했기 때문에 왕복 10만 8천 리 길을 걸은 것이고 당신들은 방앗간에서 계속 제자리걸음을 하고 있었을 뿐입니다." 위의 우화처럼 우리가 성공하지 못하는 이유는 열심히 하지 않았기 때문이 아니라, 계속 같은 행동으로 같은 길을 맴돌고 있기 때문이다. 한 걸음을 걸은 것이 어떻게 어떤 방향으로 걸은 걸음이냐가 중요하다. 목표지점을 향하여 수많은 장애물을 극복해 가는 골프와 같은 삶을 살 것인지, 늘 다람쥐 쳇바퀴 도는 생활에만 갇혀 있는 일상을 살 것인지, 지금 내가 하고 있는 일이 내가 정한 목표를 달성해 나가는 방향과 같은지 다시 한 번 점검해 봐야 한다.

물이 깊어야 큰 고기가 산다

·
·
·

제갈량은 『편의십육책』에서 "산이 작으면 짐승이 살지 않고, 물이 얕으면 물고기가 살 수 없다."고 했다. 이와 비슷한 말씀이 『공자가어孔子家語』에도 있다. "물이 너무 맑으면 고기가 살지 않고水至清即無魚 사람이 너무 살피면 따르는 사람이 없다人至察即無徒."

세상살이에서 필요한 것은 바로 세심한 관찰력과 깊은 포용력이다. 세심한 관찰력이 있어야 세상을 앞서갈 수 있고, 깊은 포용력이 있어야 세상을 집어 담을 수 있기 때문이다. 겉으로 드러난 것을 보고 그 뒷면을 바라볼 수 있는 혜안과 헤아릴 수 없을 정도의 깊은 심안을 가졌다면, 가히 세상사 원하는 대로 살아갈 수 있을 것이다.

사물을 대함에 외형, 겉모습에 지나치게 치중하고 있지는 않았는지, 사람을 대함에 너무 쫀쫀하지는 않았는지, 천천히 끓는 가마솥 같은 마음의 도량보다는 일시적으로 팔팔 끓는 냄비 같은 마음은 아니었는지 스스로를 되돌아보게 된다. 제갈량은 우리에게 이렇게 말하고 있다. "너무 쫀쫀하지 말고, 너무 외형에 현혹되지 말라." "내면이 차면 그것이 외형으로 드러난다." "상대방을 야단치지 말고, 장점을 볼 줄 알아라." "숲이 커야 그 밑에 몰려드는 사람들이 많다." "물이 깊어야 큰 고기들이 산다." "깊이 있는 삶을 살면서, 깊이 있는 일을 계획하라."

제갈량이 우리에게 이런 이야기를 하는 이유는 세상을 살면서 세심한 배려와 어느 것과도 거스르지 않는 물 같은 포용력을 갖추고 살라는 의미이다. 세심한 배려와 넓고 유연한 포용력은 삶을 풍요롭게 살 수 있는 덕목이다.

목표는 마감 시한이 있는 꿈

.
.
.

프랑스에서 "만약 어느 날 갑자기 루브르 박물관에 큰 불이 났다고 가정했을 때, 박물관에 있는 수많은 진귀한 예술품 중 딱 한 점만 구해낼수 있다면 여러분은 어떤 작품을 선택하시겠습니까?"에 대한 질문을 한적이 있었다고 한다. 수많은 독자의 편지 중 "문에서 가장 가까운 작품을 선택하겠습니다."라는 답이 극찬을 받았다고 한다. 루브르 박물관에소장된 작품은 모두 세상에서 둘도 없는 귀중한 것들인데 무엇을 선택할까 고민하는 것은 어리석은 짓이다. 단 하나라도 가지고 나오는 것이현명한 처사일 것이다.

성공하기 위해 셋 이상의 목표를 정했는데, 그중 하나를 선택하라고한다면 눈부시게 아름답고 가장 매혹적인 목표가 아니라 나에게 지금현재 가장 가까운 목표를 선택하는 것이 좋다. 계속 목표만 세우고 미래에 대한 꿈을 꾸기보다는, 당장 오늘 달성할 목표를 세우고 그 목표를 달성하는 것이 중요하다. '목표는 마감시한이 있는 꿈'이다. 내 꿈을 실현시키기 위해서는 꼭 언제까지라는 기한을 정해야 하고 그 목표를 잘게부수어 계획을 세워야 내가 원하는 바를 이루어 낼 수 있을 것이다.

『아웃라이어』에서 말한 전문가가 되기 위한 '만 시간의 법칙'은 단순히 시간만을 의미하는 것만은 아니다. 10년 동안 어떤 준비를 했느냐가중요하다. 아무런 목표 없이 그저 물 흐르는 대로 떠내려가는 것을 '나이

65

아가라 증후군'이라 한다. 그저 물이 흐르는 대로 따라갔는데, 어느 순간 보니 나이아가라 폭포의 낭떠러지 앞에 다다르게 되는 것이다. 필자가 영업 조직에서 몸담은 과거 10년 동안 열심히 준비하지 않았다면, 지금 하고 싶은 일을 하면서 살 수 있는 행운은 누리지 못했을 것이다. 경험과 노력을 통한 준비를 게을리하지 않은 덕분에, '보람'이라는 보너스까지 받고 있다.

한번 해 볼 수 있는 용기

·
·
·

한 농부가 밭을 샀는데, 그 가운데쯤 큰 바윗덩어리가 있어서 매우 불편했다. 밭을 갈 때마다 바위를 피해서 농사를 지어야 하니 손해가 나는 것은 당연했고, 쟁기 등 연장들이 부딪쳐 망가지기도 했다. 그래서 농부는 그 바윗덩어리를 꼭 캐내야겠다며 바위 밑을 파 들어갔다. 그때까지 농부는 바위가 땅 밑으로 매우 깊게 박혀 있을 거라고 생각했는데, 막상 파 보니 그 바위는 겉으로만 드러나 있는 납작한 바위였다. 농부는 별로 힘들이지 않고 바위를 파냈다. 별것도 아닌데 그동안 큰 바윗덩어리인 줄 알고 괜히 겁먹었던 것이었다. 우리는 위의 농부처럼 어떤 일을 어렵게만 여겨서 아예 시도해 보지도 않고 맥없이 포기하는 경우가 종종 있다. 하지만, 막상 해 보면 예상과는 달리 별것 아니라는 느낌을 받을 때가 종종 있다.

필자의 아들이 회사일로 많이 힘들어하고 있었을 때 "문제는 해결하기 위해서 있는 것이고, 어떤 문제든 해결할 수 없는 문제는 없어. 해결할 수 있다는 생각이 들면, 할 수 있는 방법을 찾을 것이고, 할 수 없다고 생각하면, 할 수 없는 핑계를 찾게 되는 거란다."라는 말을 전했고 며칠 뒤 "정말 아무런 답이 없을 것 같았는데, 신기하게도 당면하고 부딪히니 문제가 해결되네요."라는 답변이 돌아왔다. 어떤 일을 못 하고 있는 것은 실제로 그것을 못 해서가 아니라 미리 겁먹고 아예 시도해 보지 않았기 때문인 경우가 대부분임을 기억한다면 무슨 일이든 부딪히며 해결하는 것이 가장 현명한 일일 것이다. 아무것도 하지 않으면 실패 100%지만, 일단 시도하면 성공할 확률은 50% 이상이기 때문이다.

운명의 갈림길

.
.
.

삶에 차이를 가져다주는 것은 나의 삶에 어떤 사건이 일어났는지가 아니다. 한순간 내게 부딪친 환경에 대하여 내가 어떻게 적응했느냐에 달려 있다. 똑같은 상황이라도 어떻게 적응하느냐, 어떻게 대처하느냐에 따라 운명이 갈라진다. 에디슨은 집안이 너무 가난하여 기차에서 신문팔이를 하며 틈틈이 공부했다. 그는 열차 한 모퉁이에 실험실을 만들어놓고 실험을 하고 있었는데, 어느 날 기차가 흔들려 실험실의 약품이 쏟아지는 바람에 기차에 불이 붙고 말았다. 화가 머리끝까지 치민 차장은 에디슨을 열차 밖으로 내동댕이쳐 버렸고, 에디슨은 열차 밖으로 떨어지면서 불행하게도 귀가 멀고 말았다. 그러나 에디슨은 낙심하지 않았고, 불행해하거나 원망하지도 않고 연구를 계속하여 위대한 발명왕이 되었다고 한다. 후에 그는 옛일을 회상하면서 이렇게 말했다. "그때 귀머거리가 된 것을 나는 감사한다. 귀에 딴소리가 들리지 않아서 연구하는 데 큰 도움을 얻었다."

감사하는 마음은 모든 일에 있어 기쁨과 성과를 증가시킨다. 운명의 갈림길에서 적극적 대응을 할 것인지, 소극적 대응을 할 것인지, 내가 책임을 질 것인지, 책임을 전가할 것인지, 이 상황을 극복할 것인지, 포기할 것인지 선택은 항상 내가 하는 것이고, 이 선택은 훗날 내 운명을 결정짓게 되는 것이다. 진심으로 실천하는 감사는 아무리 견디기 힘든 상황도 가치 있게 여기도록 만드는 힘이 있다. 지금 상황이 어려워서 힘든 선택을 하는 경우에라도, 이렇게 선택할 수 있는 기회를 주신 것에 감사한다면, 마치 기적처럼 불가능한 것을 가능하게 만들 수 있을 거라 믿는다. 사람들 간의 작은 차이가 커다란 차이를 만든다.

말싸움이라는 열매

:
:
:

어떤 사람이 길을 가다가 길에 떨어진 사과 같은 열매를 발견하고는 무심코 그것을 툭 걷어찼다. 사과 같은 열매는 갑자기 두 배로 커졌다. 그는 신기해서 다시 한번 걷어찼다. 그러자 더욱 커졌다. 이번에는 지팡이로 힘껏 후려쳤다. 그 사과는 애드벌룬만큼 부풀더니 길을 막아버렸다. 이때 신이 나타나더니 말했다. "더 이상 건드리지 마라. 그것은 말싸움이라는 이름의 열매란다. 상대하지 않고 내버려두면 그대로 있지만, 맞서 싸우면 그렇게 커진단다." 어떤 다툼이든 간에 다툼은 계속할수록 커질 수밖에 없다. 싸움은 감정의 홍수에 빠지는 것과 같아서, 자신의 감정에 허우적대다 보면, 무엇이 옳고 그른지조차 헤아리기 어려워진다. 서로의 정력을 소진시키는 비생산적인 다툼이라면, 굳이 발 벗고 나서서 키울 필요는 없을 것이다.

참다운 인생의 의미

.
.
.

미국 여성 최초 노벨문학상을 받은 펄벅 여사의 자서전에 다음과 같은 글이 있다. "나는 내 딸에게서 많은 것을 배웠습니다. 딸은 내게 인내하는 법을 가르쳐 주었지요. 우리 가족은 모두 동작이 느린 사람을 가만히 두고 보지 못하는 급한 성격입니다. 물론 나도 둔한 사람에 대해 참을성이 없는 가족의 성격을 그대로 물려받았습니다. 그런 내가 정신이 박약한 딸을 갖게 된 것입니다. 그때부터 나는 힘든 길을 걸어가지 않으면 안 되었습니다. 그러나 인간은 인간으로서 평등하고 인간으로서 동등한 권리를 가졌다는 사실을 내게 분명히 가르쳐 준 건 다름 아닌 내 딸이었습니다. 만약 내게 이런 기회가 주어지지 않았다면 나는 나보다 능력이 못한 사람을 참을 수 없어 하는 몹시 거만한 사람이 되어 그런 태도로 인생을 살아가지 않았을까요? 딸은 나에게 참다운 인생의 의미를 가르쳐 주었습니다."

나 역시 살아오면서 여러 가지 힘든 일을 겪지 않았더라면, 삶의 진실한 가치를 깨닫지 못했을 것이다. 살아오면서 잘난 이기심을 채찍질해 주신 많은 분들 덕분에 인생의 참 의미를 깨달을 수 있었다. 사람은 자신을 사랑하고 좋아하는 사람에게서보다는 자신을 힘들게 하고 괴롭히는 사람을 통해서 더 많은 것을 깨닫게 되는 것 같다. 원불교의 표어에 '처처불상 사사불공'이라는 말이 있다. 보이는 모든 것이 부처라는 말은

좋은 일이든, 나쁜 일이든 모두 나에게 깨달음을 줄 수 있다는 의미일 것
이라는 생각이 든다.

공짜 심리

:

오래전에 몇 마리의 돼지가 먼 곳에서 산으로 도망쳐 왔다. 몇 세대가 지나는 동안 그 돼지들은 점점 야만적으로 되어 갔다. 그 길을 지나가는 사람들에게까지 해를 끼치게 되었다. 숙련된 많은 사냥꾼들이 그 돼지들을 죽이려고 했지만, 그 지역에서 가장 뛰어난 사냥꾼들의 노력을 헛수고로 만들 뿐이었다.

어느 날 한 노인이 조그마한 당나귀가 끄는 마차에 재목과 곡식을 싣고 이 야만적인 돼지들의 거처에서 가장 가까운 계곡 마을에 들어왔다. 그 지방 사람들이 그가 어디서, 그리고 무엇을 하러 왔는지 궁금해서 물어보자, 노인은 그 지방 사람들에게 그 돼지들을 잡으러 왔다고 말했다. 그들은 비웃었다. 왜냐하면 그 지방 사냥꾼들도 할 수 없었던 일을 그 노인이 할 수 있으리라고는 믿어지지 않았기 때문이다.

두 달 후 노인은 마을로 돌아왔다. 그리고 주민들에게, 그 돼지들이 산꼭대기 부근에 있는 우리에 갇혀 있다고 말했다. 그리고 나서 노인은 어떻게 돼지들을 잡는지 설명했다. "내가 제일 먼저 한 일은 돼지들이 음식을 먹으러 오는 지점을 찾는 것이었소. 그다음에 나는 그 지점 중앙의 약간 오른쪽에다 곡식을 조금 뿌려놓음으로써 돼지들을 유혹했소. 돼지들은 처음에는 접근을 하지 않았지만 결국 호기심에 끌려 접근해 왔고, 돼지들의 지도자 격인 늙은 수놈이 그 주위를 돌며 냄새를 맡기 시작했소. 놈이 첫입을 대자 나머지 놈들도 가담해서 먹었소. 다음 날에 나는 그곳에 좀 더 많은 음식을 놓아두었소. 그리고 몇 피트 떨어진 곳에다 널빤지를 하나 세워놓았소. 그 널빤지는 잠시 동안 돼지들을 경계하게 했지만 공짜 음식이 그들의 경계심을 풀게 만들었고, 그들은 오래지 않아 다시 음식을 먹었소. 돼지들은 그것이 무엇인지 몰랐소. 그러나 놈들은 이미 내 손아귀에 들어온 거요. 내가 해야 할 일이라곤 날마다 놈들이 좋아하는 음식 옆에다 판자를 하나씩 더 세우는 일뿐이었소. 그러고 나서 나는 구멍을 하나 파고 첫 번째 망대를 세웠소. 내가 하나씩 더할 때마다 놈들은 조금 주춤하기는 했지만 결국에는 그것이 아무것도 아니라고 생각하고는 음식을 먹으러 오곤 했소. 우리가 다 지어졌을 때 나는 만들어진 문을 닫았소. 나는 돼지들의 '공짜' 심리를 이용했는데, 그것은 정말 쉬운 일이었소."

공짜는 자신도 모르는 사이에 자신을 우리에 가두게 된다는 내용이다.

공짜를 바라는 마음이 얼마나 위험한지를 알 수 있다. 만약 한 사람을 절름발이로 만들고 싶으면 그 사람에게 두 달 동안 목발을 짚고 다니게 하면 된다고 한다. 혹시 아무 의지도 없는 폐인을 만들고 싶으면 아무 일도 하지 않고도 무엇인가를 얻고자 바라는 습관이 몸에 밸 때까지 공짜 음식을 제공해 주면 된다. 공짜 심리를 지니게 되면 결국 누군가의 노예가 되고 말 것이다. 無汗不成 無忍不勝(무한불성 무인불승)이라 했다. 땀 흘리지 않고 인내하지 않으면 결코 아무것도 이루어낼 수 없을 것이며, 공짜 심리는 스스로 자신의 자유를 묶는 결과를 초래할 것이다.

두드려야 열린다

．
．
．

일생 동안 문밖에서 기다리다가 죽은 사람이 있었다. 한 번도 문 안으로 들어가 보지도 못하고 문밖에서 서성거리다가 죽을 무렵이나 되서야 문지기에게 안으로 들어가지 못하게 문을 지키는 이유가 무엇이냐고 물었다. 그러자 문지기는 반가워서 말했다. "이 문은 당신의 문입니다. 당신이 말하면 문을 열어드리려고 여기에 있었습니다." 그제야 그는 땅을 치고 후회했지만, 이미 때는 늦은 뒤였다. 문지기에게 열어달라고 부탁을 했거나, 열어보려고 노력을 했더라면 벌써 그 문 안으로 들어갈 수 있었을 것이다. 하지만 저절로 문이 열리기만을 바랐기 때문에 그 문을 들어설 수가 없었던 것이다. 내 삶을 사는 데 내가 선택하지 않고, 내가 시도하지 않으면 아무것도 이루어낼 수가 없다. 내가 손을 내밀지 않으면 누구도 손을 잡아주지 않는다. 내가 의도하지 않아도 저절로 이루어지는 건, 나이를 먹는 것과 시간이 흘러가는 것밖에 없다.

백 마리째 원숭이 효과

1950년 일본의 미야자키현 '고지마'라는 무인도에서 일어난 일이다. 그곳에는 원숭이 20여 마리가 살고 있었는데, 이들의 먹이는 주로 고구마였다. 원숭이들은 처음에는 고구마에 묻은 흙을 손으로 털어내고 먹었는데, 어느 날 한 살 반짜리 젊은 원숭이 한 마리가 강물에 고구마를 씻어먹는 행위가 새로운 행동양식으로 정착해 갔다. 고구마 씻기를 하는 원숭이 수가 어느 정도까지 늘어나자, 이번에는 고지마섬 이외 지역의 원숭이들 사이에서도 똑같은 행위가 동시 다발적으로 나타났다. 불가사의하게도 이곳에서 멀리 떨어진 디카자키산을 비롯한 다른 지역에 서식하는 원숭이들도 역시 고구마를 씻어먹기 시작했다. 서로가 전혀

접촉이 없고, 의사소통도 할 수 없는 상황에서 마치 신호를 보내기라도 한 것처럼 정보가 흘러간 것이다.

미국의 과학자 '라이울 왓슨'은 이것을 '백 마리째 원숭이 현상'이라고 이름을 붙였다고 한다. 어떤 행위를 하는 개체의 수가 일정량에 달하면 그 행동은 그 집단에만 국한되지 않고, 공간을 넘어 확산되어 가는 불가사의한 현상을 말하는 것이다. 이 학설은 1994년에 인정되어 많은 동물학자와 심리학자가 여러 가지 실험을 한 결과 이것은 원숭이뿐 아니라, 인간을 포함한 포유류나 조류, 곤충류 등에서도 볼 수 있는 현상이라는 사실이 밝혀졌다. 세상의 가치관이나 구조란 깨달은 10%의 사람에 의해 바뀐다고 한다. 대부분의 사람들이 깨달으려면 시간이 걸리겠지만, 먼저 10%가 깨달으면 사회와 세계를 바꿀 수가 있다는 것인데, 이것은 시공을 초월한 '공명현상'이 작용하기 때문이라 한다. 좋지 않은 느낌을 가지고 누군가를 만날 때 표시를 내지 않았다고 생각하지만, 좋지 않은 느낌을 가지고 개인의 통제한계를 넘어서게 되면 타인에게 전달이 될 수밖에 없다. 우리는 말하지 않아도 느낌만으로도 자신의 주변 환경에 영향을 미칠 수 있는 것이다. 그것은 마음이 가는 곳에 기氣가 있고, 기氣가 가는 곳에 에너지가 발생하고, 에너지는 결국 변화를 만들어내기 때문이다.

신뢰의 법칙

. . .

린다 스트로는 『신뢰의 법칙』에서 신뢰받을 만한 사람을 다음과 같이 정의했다.

첫 번째, 좋은 가치관을 갖고 있다.

두 번째, 일이 잘못되었을 때 잘못을 덮기 위해 노력하기보다 건전하게 대응하며 잘못을 인정하고 시행착오를 통해 배운다.

세 번째, 자신의 행동이 다른 사람들에게 어떤 영향을 미칠지 자각하고 있다.

네 번째, 직업적, 사회적 신분에 상관없이 모든 사람을 똑같이 대한다.

다섯 번째, 일관되게 좋은 행동을 보인다.

여섯 번째, 긍정적 자질이 있다.

일곱 번째, 갖고 있는 힘으로 다른 사람을 이용하지 않는다.

여덟 번째, 모르면 모른다고 인정한다.

아홉 번째, 확고한 성실성이 있다.

열 번째, 자신의 인생에서 다른 사람들을 진정으로 생각한다.

열한 번째, 누군가가 잘못을 저질렀을 때 자발적이고 건설적으로 이야기해 준다.

열두 번째, 다른 사람이 더 좋은 사람이 되도록 돕는다.

열세 번째, 내가 해결할 수 없을 때 가족이나 신뢰하는 다른 의논상대에게 소개해 줄 수 있다.

열네 번째, 자기 생각대로 되지 않을 때에도 건전하게 대응한다.

열다섯 번째, 다른 사람에게 적용하려고 세운 기준을 자신도 똑같이 지킨다.

열여섯 번째, 옳은 일을 한다. 힘들 때도 다른 사람들에게 끝까지 충실하다.

열일곱 번째, 다른 사람이 있을 때나 없을 때나 그 사람에 대해 똑같이 말한다.

위의 질문서에 모두 "예"라고 대답할 수 있다면, 충분히 신뢰받는 사람일 수 있을 것이다. 주변 사람들을 신뢰할 때, 인생의 모든 부분을 균형 잡고 관리하기가 훨씬 더 쉬워진다. 하지만 신뢰하지 않을 때 시간과 돈, 정신적 에너지, 육체적·정신적 건강의 낭비 측면에서 '기회비용'은 엄청나게 크기 마련이다. 우리는 거짓말하거나 속일지 모르는 나쁜 사람들 또는 부정적 영향에서 우리 자신을 보호하기에 급급하다. '신뢰가 낮을수록 비용이 많이 든다'는 '랄프 왈도 에머슨'의 통찰은 전적으로 맞는 말이다. 주변에 신뢰할 수 있는 좋은 사람들을 가까이 두면 되지만 불행히도 이는 실제로 그리 간단한 문제가 아니다. 소크라테스, 플라톤, 아리스토텔레스, 공자, 칸트 같은 학자들과 철학자들이 신뢰 문제를 연구했지만 신뢰할 사람을 어떻게 선택하는지 검토한 체계적인 연구는 없었다. 그나마 린다 스트로의 『신뢰의 법칙』은 세상을 살아가는 데 밝은 빛이 될 수 있을 것이다.

필연의 만남

. . .

'정채봉' 님은 '만남'을 여러 가지로 비유했다.

'만날수록 비린내가 배어나는 생선 같은 만남'

'활짝 피어 있을 때는 좋아하다가 시들어버리면 버려지는 꽃 같은 만남'

'소중할 거라 생각했던 만남이 한순간 지워져 버린 지우개 같은 만남'

'힘 있을 때는 쓰이다가 힘이 없어지면 버려버리는 배터리 같은 만남'

그중에서 최고의 만남은 땀 흘릴 때 땀 닦아주고 눈물 흘릴 때 눈물 닦아주는 손수건 같은 만남이라고 했다.

우리는 살아가면서 수많은 상황의 만남을 경험하게 된다.

법정스님께서는 진정한 만남은 상호 간의 눈뜸이고. 영혼의 진동이 없으면 그건 만남이 아니라 한때의 마주침이라 하였다. 우연히 만나 우연으로 끝나면 마주침이지만, 우연처럼 만났지만 필연으로 이어지면 '만남'이라는 이야기다. 땀 흘릴 때 땀 닦아주고 눈물 흘릴 때 눈물 닦아줄 수 있는 만남이 바로 '필연'이라는 생각이 든다. 필연은 그냥 이루어지는 것이 아니라 오랜 정성과 기다림 끝에 이루어지게 된다. 아무데서나 자라는 잡초 같은 것이 아니라, 소중히 아끼고 가꾸어야 고운 향을 내는 '난'과 같은 만남이 '필연'의 만남인 것이다.

추억, 기대, 경험

.
.
.

    아우구스티누스는 과거는 '추억' 속에, 미래는 '기대', 속에 현재는 '지금의 경험' 속에 존재한다고 했다. 영광스러운 과거나, 미래의 대단한 비전도 현재와 연결할 때 가치가 부여되는 것이다. 현재의 시간은 차별 없이 누구에게나 똑같이 주어지지만, 그 시간을 어떻게 활용하는지에 따라 '단순한 시간'으로 흘러가든지, '가치 있는 시간'으로 남든지가 결정될 것이다. 지금 하고 있는 일이 어쩔 수 없이 선택한 일이라서 나의 비전과 전혀 상관없는 일인 듯싶지만, 지금의 경험은 내 미래의 비전을 받쳐줄 멋진 버팀목이 될 것이다. 미래 꿈을 이루는 데 부실공사를 하지 않으려면 지금 현재의 경험에 충실해야 할 것이다.

인생에 늦은 때는 없다

•
•
•

"있잖아, 불행하다고 한숨 짓지 마. 햇살과 산들바람은 한쪽 편만 들지 않아. 꿈은 평등하게 꿀 수 있는 거야. 나도 괴로운 일 많았지만 살아 있어 좋았어. 너도 약해지지 마."
- 시바타 도요의 「약해지지 마」

세상을 살다 보면 어느 누구나 피해갈 수 없는 고통을 겪게 되는 경우가 있다. 하지만 배운 것도 없이 늘 가난했던 일생, 결혼에 한 번 실패했고 두 번째 남편과도 사별한 후 20년 가까이 혼자 살면서 너무 힘들어 죽으려고 한 적도 있었던 '시바타 도요' 님의 시는 우리를 위로하기에 충분하다. 백 세의 나이에 꿈도 많아 구름도 타 보고 싶다는 시바타 도요 할머니의 잔잔한 삶의 이야기. 질곡 같은 인생을 헤쳐 살아오면서 100년을 살아온 그녀가 잔잔하게 들려주는 얘기에 사람들은 감동을 먹고 저마다의 삶을 추스르는 힘을 얻는다. 그녀의 위로가 현해탄을 건너와 한국 사람들에게 그리고 전 세계적으로 전해져 나지막한 목소리로 위로의 말을 건넨다. 꽃은 바람이 있어 향기를 피운다. 인생에 있어 늦은 때는 없다. 인생은 늘 지금부터다.

온기를 나누는 일

러시아 작가 투르게네프가 공원을 산책하고 있는데, 거지가 다가와서 동전 한 푼을 달라고 했다. 그러나 투르게네프는 갑자기 글을 쓰다 나와서 주머니를 아무리 뒤져도 동전이 나오지 않았다. 그러자 투르게네프는 그 거지의 손을 꼬옥 쥐어주면서 이렇게 말했다. "줄 게 없어서 미안합니다." 그런데 그 거지는 눈물까지 글썽거리면서 이렇게 대답했다고 한다. "내 생애 이렇게 큰 걸 받아본 적이 없습니다. 진심으로 감사합니다." 그렇다. 손 한번 잡아주고, 온기를 나눠주는 것도 받는 사람에 따라 큰 가치로 자리매김할 수 있는 것이다. 마음이 힘들 때, 일이 잘 풀리지 않을 때 무조건적인 격려와 지지로 희망과 용기를 주었던 사람을 우리는 평생 은인으로 기억하게 된다. 지금 옆에 있는 사람의 손을 꼬옥 잡아주는 것… 백 마디 말보다 더 강한 사랑의 표현이다.

시간의 날개

:
:
:

종달새 한 마리가 나무 위에 앉아 즐겁게 노래를 부르고 있었다. 그때 한 젊은이가 조그만 상자를 들고 나무 밑을 지나갔다. 상자 안이 궁금해진 종달새는 젊은이를 불러 세웠다. "그 상자 안에는 무엇이 들어 있나요?" 젊은이가 대답했다. "네가 좋아하는 지렁이가 가득하지." 그 말에 구미가 당긴 종달새가 다시 물었다. "어떻게 하면 그것을 얻을 수 있나요?" 젊은이는 상자를 감싸 안으며 말했다. "네 아름다운 깃털 하나와 지렁이 한 마리를 바꿀 수 있단다." 종달새는 곰곰이 생각했다. '수많은 깃털 중에 몇 개가 뽑힌다고 해서 크게 표 나지는 않을 거야.' 종달새

는 깃털을 뽑아 젊은이에게 내밀고, 지렁이를 받아 맛있게 먹었다. 오랫동안 날며 땅을 살펴야만 지렁이를 구할 수 있었던 종달새는 나무 위에 앉아 편하게 먹을 수 있어서 정말 기분이 좋았다. 노래를 흥얼거리던 종달새는 하나만 더, 하나만 더 하면서 자꾸만 깃털을 뽑았다. 어느 새 종달새는 깃털이 하나도 남아 있지 않았다. 벌거숭이가 된 자신의 모습이 너무도 부끄러워진 종달새는 더 이상 노래를 부르지도 못하고, 날지도 못하는 신세가 되어서야, 자신이 그동안 잘못했다는 것을 깨닫게 되었다.

어쩌면 우리도 종달새처럼 소중한 시간의 날개를 내어주고 편안함에 안주하고 있는 것인지도 모르겠다. 지금 내 생활에 만족하고 안주한다면, 아마도 머지않아 자신의 깃털을 뽑아 먹이와 바꾼 종달새와 같은 처지가 될 수 있을 것이다.

공정

· · ·

형제가 파이를 가지고 싸우고 있었다. 둘 다 큰 것을 먹기 위해 서로 칼을 가지고 자기가 자르겠다는 싸움이었다. 힘이 센 형이 칼을 가지고 자기 몫을 크게 자르려고 하였다. 이때 아버지가 들어와서 그 모습을 보았다. 그리고 말했다. "잠깐! 누가 잘라도 괜찮다. 그러나 한 사람이 자르면 나머지 사람이 먼저 집는 것이다." 이 말을 듣고 형은 정확하게 반을 잘랐다. 살다 보면 예기치 않게 억울한 일을 당할 수도 있고, 욕심이 생길 때도 있다. 하지만 세상 이치가 이익 보는 것이 있으면 손해 보는 것도 있고, 손해 보는 것이 있으면 이익 보는 것도 있는 것이다. 인생사 '새옹지마'라 했으니, 이익을 봤다고 크게 기뻐할 일도, 손해 봤다고 억울해할 일도 없는 것 같다.

운명의 수레바퀴

:

미국의 제34대 대통령이었던 아이젠하워가 어린 시절 형제들과 함께 카드놀이를 하고 있었다. 그런데 판을 시작하는 첫 패부터 그에게는 형편없는 나쁜 패가 들어왔다. 아이젠하워는 화가 나서 들고 있던 패를 내동댕이쳐버렸다. "처음부터 내 패가 너무 나쁘게 들어왔으니 다시 하자." 그때 옆에서 지켜보고 있던 어머니가 자녀들에게 이야기했다. "자, 모두 카드를 테이블에 놓고 내 말을 들어보렴. 특히 아이젠하워, 너는 잘 들어야 한다. 지금 너희들이 하는 카드놀이는 앞으로 살아야 할 너희들의 인생과 똑같은 것이란다. 카드놀이에 나쁜 패가 들어왔다고 바꿔어달라고 하지만, 우리가 인생을 살다 보면 나쁜 패같이 어렵고 힘에 겨운 역경의 때가 꼭 찾아온단다. 그렇다고 피해갈 수만은 없는 것이다. 그때를 지혜롭게 잘 넘겨야 인생의 해가 떠오르는 거야. 너희들은 좋은 패가 들어오든 나쁜 패가 들어오든 그 패를 가지고 놀이를 해야 한단다. 나쁜 패가 들어왔다고 불평만 해대면 더 냉정함을 잃고 무너지기 쉬운 것이지. 자, 이제부터 그렇게 할 수 있는 용감한 사람만 패를 잡고 다시 놀이를 계속하렴. 그리고 한 가지 진실은 패는 항상 나쁘게만 들어오지도 않으며, 또한 좋게만 들어오지도 않는 법이란다."

그렇다. 반평생을 살아 보니, 늘 나쁘지만도 늘 좋지만도 않은 게 인생이라는 것을 깨달았다. 신께서는 한쪽 문을 닫을 때는 꼭 반대쪽 문을 열어주신다는 것을 살면서 깨닫게 된다. 운이 좋다는 것은 하늘에서 금은보화가 뚝~ 떨어지는 것이 아니라, 내가 어떤 일을 하고자 할 때 디딤돌이 되어줄 환경과 귀인을 만나는 일이다. 좋은 인연을 만나고 좋은 환경을 만나기 위해서는 평소에 마음과 행동거지를 잘 하고 살아야 한다.

상상의 기적

:
:

짐 캐리Jim Carrey는 캐나다 출신으로 영화배우가 되고 싶어 미국으로 건너왔지만, 가끔 단역이나 주어지는 무명 배우 신세였다. 집도 없이 고물 자동차에서 자야 했고, 빵 몇 조각으로 끼니를 때우는 일이 허다했다. 그러던 어느 날, 그는 이렇게 살아갈 수는 없다고 생각했다. 그래서 할리우드의 가장 높은 언덕으로 올라가서 수표책과 펜을 꺼내 들었다. 그는 수표책에 '1,000만 달러'라고 적었다. 그리고 이 어마어마한 금액을 앞으로 5년 후인 1995년 추수감사절까지 자기 스스로에게 지급하겠다고 결심한 후 그것을 5년 동안 지갑에 넣고 다녔다. 정확히 5년 후인 1995년 짐 캐리는 자신이 적었던 것보다 훨씬 많은 금액을 출연료로 받게 되었다. 그는 '덤 앤 더머'로 700만 달러, '배트맨'으로 1,000만 달러를 받아 총 1,700만 달러를 벌었다고 한다.

꿈을 종이 위에 쓰면 기적같이 이루어진다. 짐 캐리와 같은 사례는 전 세계적으로 수없이 많이 일어나고 있다. 인간의 뇌는 상상만으로도 놀라운 기적을 일으키는 힘을 지니고 있다. 우리가 이미지를 선명하게 그리면 그릴수록 그 이미지가 현실이 될 확률이 높다. 자신의 뇌에다 '나는 나아지지 않는다.' '나는 불안하다.'는 등의 부정적인 사고와 이미지를 지속적으로 상상하게 만들면 그러한 걱정, 불안, 우울의 힘은 우리 몸의 에너지를 차츰차츰 부정적으로 이끌고 가면서 마침내는 자신이 상상한 형태로 만들어 버린다. 인간이 지닌 뇌의 특징 중 하나는 자신이 상상하는 것이 부정적인 것이든, 긍정적인 것이든 개의치 않고 있는 그대로 받아들여 저장해 버리는 특성이다. 그리고 이렇게 저장한 이미지를 현실로 만드는 묘한 능력을 지니고 있는 것이다. 이러한 뇌의 힘을 잘만 활용한다면 우리는 놀라운 기적을 만들 수 있다.

직장인 100만 명이 뽑은 내 인생의 시 한 편

. . .

포기하면 안 되지Don't Quit

- 에드거 게스트

이따금 일이 잘 풀리지 않을 때,

험한 비탈을 힘겹게 올라갈 때,

주머니는 텅 비었는데 갚을 곳은 많을 때,

웃고 싶지만 한숨지어야 할 때,

주변의 관심이 되레 부담스러울 때,

필요하다면 쉬어가야지, 하지만 포기하면 안 되지!

인생은 우여곡절 굴곡도 많은 법, 사람이라면 누구나 깨닫는 바이
지만,

수많은 실패들도 나중에 알고 보면 계속 노력했더라면 이루었을 일,

그러니 포기는 말아야지, 비록 지금은 느리지만, 한 번 더 노력하면

성공할지 뉘 알까! 성공은 실수와는 안팎의 차이, 의심의 구름 가장

자리에 빛나는 희망,

목표가 얼마나 가까워졌는지는 아무도 모를 일,

생각보다 훨씬 가까울지도 모르지.

그러니 얻어맞더라도 싸움을 계속해야지. 일이 안 풀리는 시기야

일이 안 풀리는 시기야말로 포기하면 안 되는 때이다. 조금 느리지만, 뒤로 가지만 않으면 언젠가는 원하는 목적지에 이를 수 있을 것이다.

·
·
·
·

3

인생의
모범답안

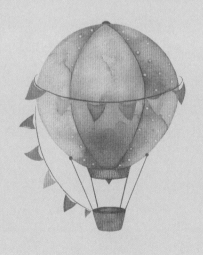

내가 먼저 손을 내밀어야
좋은 인연을 맺을 수 있다

·
·
·

자기암시란 긍정적인 자기신념이며, 적극적인 자기최면이다. 자기암시를 잘하면 자기 신념이 되고, 자기능력 개발도 되지만, 자기암시를 잘못하면 자아도취와 자기착각에 빠지기 쉽다. 자아도취와 자기착각에 빠지게 되면, 실제로는 아무 행동도 하지 않으면서 무엇이든 이루어 낼 수 있다는 과대망상이 되기 쉽다. 생각을 만들어 내는 것도 중요하지만, 생각만 하고 행동으로 옮기지 않으면 자기도취에 빠져 망상으로 종결 짓고 마는 결과를 초래할 것이다. 산에 가는 생각만으로는 산을 만날 수 없다. 운동화 끈을 맬 수 있을 때 비로소 산을 만날 수 있을 것이다. 좋은 인연이 중요하다고 생각하는 것만으로는 좋은 인연을 맺을 수 없다. 내가 먼저 손을 내밀 수 있을 때, 얼굴 보고 차 한잔할 수 있을 때 비로소 좋은 인연을 맺을 수 있을 것이다.

통찰력의 지혜

．
．
．

　삶을 살아가는 데 있어 선택하는 능력은 인생의 성공 여부를 결정짓는 중요한 요소다. 잘못된 선택을 내리지 않기 위해서는 뛰어난 안목과 정확한 판단력이 있어야 한다. 기회가 왔을 때나 위기가 닥쳐왔을 때 제대로 된 선택을 하지 못한다면 삶의 낙오자가 될 수도 있다. 남을 전적으로 신뢰하는 일은 절벽 위에 서서 다른 사람이 등을 떠밀어 주기만을 바라는 것과 같다. 교활한 사람들은 나름대로 전략을 가지고 자신의 의도를 남에게 왜곡해 전달한다. 그들은 거짓으로 목표를 정하고, 태연한 얼굴로 남을 속이며, 주변 사람들을 끌어들여 남들로부터 신뢰를 얻어낸다. 그리고 원하는 결과에 도달하면 자신들의 말을 손바닥 뒤집듯이 한다. 올바른 선택을 위해서는 교활한 사람들의 속셈을 꿰뚫어 보는 통찰력을 갖추어야 한다. 면밀한 관찰을 통해서 앞뒤가 맞지 않는 그들의 거짓을 가려내고 주의 깊게 상대방의 의도를 간파해야 한다. 지혜롭다는 것은 남들이 감추려고 하는 의도를 파악하는 데서 비롯되며 그들의 잘못된 행동을 방어하는 데서 끝이 난다. 빛을 비추면 그림자가 생기는 것은 자연의 이치이다. 그림자 안에 숨어 있는 거짓과 술수를 읽어내고 대비하는 것은 세상살이에서 성공하는 사람들이 갖춰야 할 지혜이다.

내일이라는 악마의 유혹

.
.
.

세 명의 악마가 인간을 상대로 내기를 했다. 각자 인간을 선택한 후 자신들이 선택한 인간에게 한 가지씩 과제를 주어 인간을 이겨 내는 내기이다. 첫째 악마는 인간에게 실패를 주었다. 그러나 인간은 실패를 주면 줄수록 그것을 딛고 일어나 더 큰 실패를 이겨내는 것이었다. 결국 첫 번째 악마는 인간에게 손을 들었다. 두 번째 악마는 인간에게 시련을 주었다. 역시 인간은 시련을 주면 줄수록 그것을 극복하고, 더 큰 시련도 능히 이겨냈다. 두 번째 악마도 인간에게 손을 들었다. 세 번째 악마는 인간에게 미루는 것을 주었다. 인간이 무엇을 하려고 하면, 악마는 인간에게 다가가, 부드럽게 소곤거렸다. "아직 시간이 충분해, 잠시만 미루었다가 해도, 아무런 지장 없을 거야." "내일도 시간이 있잖아, 지금 하지 않아도 나중에라도 너는 충분히 할 수 있어." 세 번째 악마가 승리하였다.
- 정채봉 님의 글 중에서

오늘 걷지 않으면, 내일은 숨이 차도록 뛰어야 한다. 작심삼일이라도 120일 동안 하면 이룰 수 있다. 미루지 않고 매일매일 이루어 나가는 일만이 악마의 유혹을 이겨낼 수 있다.

고통 총량의 법칙

:

머뭇거리기엔 너무나 아까운 시간의 흐름 속에서 간혹 두 줄짜리 광고에 인생을 맡겨서라도 스스로의 가치를 만들어내고 싶을 때도 있다. '할 수 없다.'가 고개를 쳐들기 시작하면 걷잡을 수 없는 패배감으로 당황하며 안개 속을 헤맬 때도 있다. 하지만 어리광으로는 통하지 않는 긴장의 시간을 겪으며 꿈꾸는 정열로 세파를 헤쳐 나가야 하는 것이 우리네 삶인 듯하다. 망설이거나 변명해서는 내 삶을 잘 일궈내지 못하리란 걸 우리는 너무나 잘 알고 있다. 절박한 고난을 헤쳐 나올 수 있어야지만, 내 삶의 주인이 될 수 있다. 코칭을 하면서 많은 사람을 만나다보니, '고통 총량의 법칙'은 누구에게나 모두 적용된다는 사실을 알게 되었다. 누구나 겪는 고통이지만, 그 고통을 어떻게 대처하는지에 따라 키워지는 '역량'이 다를 수밖에 없다. '끈기'를 키우고, 현실과 과감히 부딪힐 수 있는 '용기'만이 내 삶을 내 의지대로 가꿀 수 있게 하는 것이다.

어리석은 견문발검

.
.
.

　지혜로운 사람은 좀처럼 화를 내지 않지만, 성미가 급한 사람은 자기의 어리석음을 쉽게 나타낸다. '견문발검'이란 말이 있다. 모기에 노하여 칼을 휘두른다는 뜻이다. 생각이 좁고 쓸데없는 일에 화를 잘 내는 사람을 풍자한 말이다. 속이 좁은 사람은 사람을 후하게 대하여야 할 때 박하게 대하고, 인정을 베풀어야 할 때 베풀지 못하고, 가장 중요한 자신 주변 사람들에게조차 박하게 대하여 신뢰를 잃고 인심을 잃기 마련이다. 지혜로운 사람은 어떠한 경우에도 마음이 흔들리지 않고, 근심과 걱정도 없고 무엇이든 두려울 게 없다. 내 마음이 흔들린다는 것은 스스로 잘났다고 생각하는 자존심에 상처를 입을까 봐 두렵기 때문이다. 자만심과 오만함에 상처 날까 두려워서다. 셰익스피어는 「말괄량이 길들이기」에서 이렇게 이야기했다. "나는 아량이 적지도 않고 조그만 일에 불처럼 성질을 내지 않는다. 나의 이빨은 나의 입술로 꼭 덮여 있기 때문이다." 매사 사소한 일에 감정 낭비는 하지 않고 살아야 한다.

인생의 목적

·
·
·

인생의 목적이 없는 사람은 설사 물질적으로는 풍요하더라도 행복은 맛보지 못하게 마련이다. 인생의 목적은 행복을 가져다주는 황금알이며, 그 황금알은 자신의 일생을 크게 바꿀 수 있는 최고의 '마법의 지팡이'라 할 수 있다. 인생의 목적(꿈)은 우리에게 '삶의 의미'를 부여해 주기도 하고 신념과 용기를 주며 역경을 헤쳐 나갈 에너지원이 되어주기도 한다. 즉, 인생의 목적은 우리에게는 목숨 이상으로 소중하다고 해도 틀린 말은 아닐 듯하다.

실타래는 풀어야 한다

. . .

　어떤 문제가 생겼을 때 이를 위기라 생각하지 않고 인생 경험이나 인생의 교훈으로 여기는 것만으로도 부정적 에너지를 긍정적 에너지로 전환시킬 수 있다. 어떤 문제가 얼마나 자주 되풀이되는지를 보면 내가 배워야 할 인생의 교훈이 무엇인지 답을 알 수가 있다. 이 사람 저 사람과 번갈아가며 똑같은 말씨름을 하고 있거나, 별 소득도 없이 계속 사업파트너를 바꾸거나, 누군가와 부딪히며 계속 상처를 받고 있다면 인정하고 싶지는 않겠지만, 나에게 아직도 인간관계에 대해 배워야 할 것이 많다는 것이고, 나에게 아직 다듬어지지 않은 뾰족한 마음의 산이 존재하고 있다는 것이다. 다른 사람을 탓하기 전에, 환경을 탓하기 전에, 새로운 인생의 교훈을 받아들여야 할 것이다. 똑같은 실수를 반복하며, 똑같은 문제를 해결하느라고 바쁜 시간을 보내지 않아도 될 때, 비로소 생산적인 일에 에너지를 자유롭게 쓸 수 있을 것이다. 엉킨 실타래를 자르는 쉬운 방법을 택하지 않고 어렵게 풀어가는 것은 엉켜 있던 에너지를 자유롭게 쓸 수 있는 기회를 만들어 내는 것이다.

신선한 삶을 살기 위해

삶은 행복과 불행, 기쁨과 슬픔, 행운과 고난의 연속이다. 늘 앞으로 나아가는 삶이기 위해서는 삶은 신선해야 한다. 삶이 신선하기 위해서는 아는 사람이 아닌, 새로운 것을 받아들이는 사람이어야 한다. 새로운 일, 새로운 만남, 새로운 지식, 새로운 정보, 아는 일이 편하고, 아는 곳이 안정감 있고, 알던 사람이 편하긴 하다. 새로운 것을 접하고 새로운 사람을 만난다는 것 자체가 부담일 수 있다. 하지만 편안함에 안주하다 보면, 새로운 기회를 잃게 된다. 새로운 것을 받아들일 줄 아는 사람은 열정으로 빛이 나고, 언제나 활기가 넘친다. 마음의 문을 활짝 열고 살아야 한다. 밀물의 때가 있으면 썰물의 시간이 있기 마련이다. 신선한 삶을 살기 위해서는 멈춰 있지 말고, 고여 있지 말아야 한다.

말의 종류

.
.
.

말에는 5가지 종류가 있다.

첫째, 꼭 필요한 말 - 질문, 키 메시지, 비전 제시

둘째, 하면 좋은 말 - 적절한 예화, 칭찬, 인정, 격려, 웃음을 주는 말

셋째, 해도 그만 안 해도 그만인 말 - 이미 알고 있는 사실 설명, 군더더기 말

넷째, 안 하는 편이 좋은 말 - 과도한 자기자랑, 가르치려 드는 말

다섯째, 절대로 해서는 안 될 말 - 험담, 비난, 비평, 불평

5가지 말의 종류를 잘 구분해서 써야 할 말인지, 쓰지 말아야 할 말인지를 잘 구분해야 할 필요가 있다.

시야를 높여야 멀리 볼 수 있다

축구 경기를 하는 선수들보다 중계하는 사람들이 전체 상황을 더 잘 알 수 있는 것은 중계카메라가 선수들보다 위에서 촬영하기 때문이다. 선수의 입장에서야 같은 눈높이이므로 전체의 상황을 파악하기가 어렵지만 위에서는 한눈에 모든 정황을 파악할 수 있다. 축구뿐만 아니라 모든 스포츠가 다 그렇다. 인생도 스포츠라면 중계카메라를 통해 나의 현 위치와 내 생활의 상황을 보다 더 잘 알 수 있을 것이다. 내가 하는 일이 막힐 때, 진전이 없을 때, 위로 올라가서 봐야 잘 볼 수 있다. 새로운 생각이 떠오르지 않으면 지금까지 나온 생각들을 펼쳐두고 위에서 내려다 보아야 한다. 산 위에 올라가 보면, 길이 어디로 나 있는지, 어느 쪽으로 가야 힘들지 않게 목적지에 도달할 수 있는지 잘 보이는 이치와 같다. 부분보다 전체를 이해하는 시간을 가지는 것이 좋다. 주관적인 생각보다는 객관적인 시각에서 바라보는 것이 좋다. 특히 회사의 경영자나 어떤 단체의 지도자라면 위에서 볼 수 있는 능력을 가져야 한다.

인생의 모범답안

．
．
．

실패는 늘 가슴 아프고 괴롭고 절망스럽기까지 하다. 노력했음에도 불구하고 실패할 때에는 모든 것을 포기해 버리고 싶은 마음이 드는 건 누구에게나 같을 것이다. 하지만 실패는 조금 부족했다는 알림판일 뿐이다. 어떤 사람이 포기하고 돌아간 광산에서 1미터만 더 팠을 뿐인데, 금이 무더기로 쏟아졌다는 일화를 본 적이 있다. 변화무쌍한 인생은 그래서 매력이 있는 것 같다. 힘들고 괴로워서 포기하고 싶어질 때, 그것을 견뎌 내고 다시 시작하다 보면 실패는 아름다운 결과로 바뀌기 때문이다. 사업에 실패해서 벼랑 끝에 서 본 적이 있었다. 그 당시에는 한 발만 뒤로 물러서면 모든 것이 끝이었다. 하지만, 그 순간을 넘기고 나니, 기회가 찾아왔다. 인생에 있어서 모범답안이 없다고들 하지만, 삶에 있어 포기하지만 않는다면, 그것이 바로 인생의 모범답안일 것이다. 우리의 삶을 구성하는 것은 한 가지 일이나 사건이 아닌데, 한 가지 실패했다고 해서 자신의 인생 전체를 포기하는 것은 어리석은 일이다.

말은 행동을 만든다

말에는 놀라운 힘이 있다. 우리 뇌는 내가 한 말이 사실인지 아닌지는 모르고 내가 한 말대로 행동하려는 경향이 있다. 매일 짜증난다는 말을 입에 달고 사는 사람은 짜증나는 일이 계속 생기게 마련이고, 힘들어 죽겠다는 말을 수시로 하는 사람은 늘 힘들어 죽겠는 일만 생기게 마련이다. 매사 되는 일이 없다고 불평불만을 일삼는 사람은 하는 일마다 잘되는 일이 없을 수밖에 없다.

어느 대뇌학자는 뇌세포의 98%가 말의 지배를 받는다고 발표한 적이 있다. 어떤 사람이 매일 5분씩 3번 다음과 같이 외쳤다. "나는 위대한 일을 할 수 있다. 나는 내부에 위대한 가능성을 간직하고 있다. 나는 아직도 발휘되지 않는 가능성을 간직하고 있다." 이렇게 계속해서 말을 하다 보니, 그는 가슴속으로부터 끓어오르는 자신감, 열정을 느끼기 시작했다고 한다. 그는 할 수 있는 사람이 된 것이다. 말은 행동을 유발하는 힘이 있다. 말을 하면 뇌에 박히고, 뇌는 척추를 지배하고, 척추는 행동을 지배하기 때문에 내가 말하는 것이 뇌에 전달되어 내 행동을 이끌게 되는 것이다. '할 수 있다'고 말하면 할 수 있는 방법을 찾게 되고, '할 수 없다'고 말하면 할 수 없는 핑계를 대게 되니, 둘 다 맞는 말이다.

인격의 근본적인 요소

:

:

누구나 인격과 인품을 갖추고자 여러 가지 노력을 하고 있다. 인격이
라는 것은 지식보다 넓고 깊은 뜻을 갖고 있다. 감정 없는 지성, 행동 없
는 지혜, 겸손을 상실한 자질 등은 나름대로 힘을 갖지만, 잘못하면 사람
들에게 해독을 끼치기 십상이다. 그것들은 마치 소매치기의 날렵한 손
재주나 사기꾼의 기막힌 술수처럼 공허한 가치일 뿐이다. 인격을 갖추
지 못한 그 어떤 능력도 존경받을 경지에는 이르지 못한다는 것을 우리
는 경험에 의해 알고 있다. 진실과 정직, 선량이라고 하는 자질은 인격
의 근본요소이다. 여기에 행동이라는 강한 의지가 첨가된다면 그 무엇
과도 비길 수 없는 강점이 될 수 있을 것이다.

삶에 있어 가장 중요한 가치

·
·
·

누구나 다 성공을 꿈꾼다. 그 성공은 '사회적인 지위'일 수도 있고, '재산', '건강', '직업' 등등 자기 자신의 만족을 어디에 두느냐에 따라 달라질 수 있고, 내가 무엇을 얻어서 행복하느냐에 따라 성공의 척도가 달라질 수 있다. 그럼 그 성공은 어떻게 해야 이룰 수 있을까?

강의 중 연수생들과 성공하는 요인을 점수화하는 게임을 했다.

A=1점, B=2점, C=3점, ········ Z=26점

그러자 놀라운 사실이 확인되었다.

* 지식 = Knowledge − 96점

* 학습 = Study − 89점

* 능력 = Ability − 78점

* 용기 = Courage − 76점

* 목표 = Target − 71점

* 건강 = Health − 54점

* 열정 = Zeal − 45점

* 믿음 = Belief − 44점

* 태도 = Attitude −100점

물론 게임이기에 이 자료가 얼마만큼 신빙성이 있는지에 대한 확인 결과는 없지만, 태도가 가장 높은 점수를 받은 이유는 '태도'는 하루아

침에 갖춰지는 것이 아니기 때문일 것이다. 많은 사람들을 대하다 보면, 성공한 사람들의 태도에는 뭔가 다른 점이 분명 있었다. 성적이 우수한 학생보다 개근상이 더 우수하다고 하는 것은 늘 일관성 있는 태도를 유지한 것에 대한 평가이기 때문이다. 어진 사람은 어진 것만 보고 지혜로운 사람은 지혜로운 것만 본다고 했다. 이처럼 사람들에게는 각자 자신의 가치관과 견해가 있다. 하지만, 많은 사람들이 성공한 뒤에는 늘 공통적인 것이 있게 마련이다. 태도의 일관성을 갖기 위해서는 꾸준히 스스로를 갈고 닦아야 하며 늘 스스로를 되돌아볼 수 있어야 할 것이다.

감정과 이성의 조화

·
·
·

높은 산을 오르면서 늘 느끼는 점이 있다. 산을 오르기 전에는 내 주변밖에 볼 수 없지만, 산 정상에 오르면, 시야가 넓어져 아주 멀리까지 볼 수 있다는 점이다. 시야가 넓어지면, 아량도 생기고 마음이 너그러워져서 불평불만보다는 이해하는 마음이 생기게 되는 것 같다. 그래서 옛 사람들은 지자요수知者樂水하고 인자요산仁者樂山이라 했는가 보다. 사람이 세월을 살아가면서 연륜을 쌓는다는 것은 감성과 이성의 조화를 잘 이루어낼 수 있는 지혜가 쌓이는 것이다. 감정에 치우치면 이성을 잃게 되고, 이성에 치우치면 감정이 메마르게 되어 매사 중용을 지키는 일이 중요하다. 세상을 살면서 누군가와 어떤 부딪힘 없이 늘 좋은 관계를 유지하고 사는 비결은, 너른 시야로 세상을 바라볼 수 있는 안목을 키우고, 감정과 이성을 적당히 조율하여 아름다운 화음을 만들어 낼 수 있는 지혜가 있어야 할 것이다.

지난 기억에서 자유로워지기

.
.
.

지난 기억에서 자유로워지는 가장 확실한 방법은 과거를 떠나보내는 것이다. 과거의 상처를 곱씹는 한 고통은 계속될 것이다. 과거 속에 살면 과거의 기억 속에서 고통과 당혹감, 죄책감을 반복하게 된다. 과거 속에 사는 것은 정신적인 감옥에 갇혀 있는 것과 같다. 과거에서 벗어나면 희생자의 이미지를 버리고 자신감을 가질 수 있다. 후회는 분노보다 더 해롭고, 자책은 다른 사람에게 비난을 받는 것보다 더 나쁘다. 스스로에 대한 용서와 사과는 좀 더 즐겁고 충만한 삶으로 가는 문을 열어줄 것이다. 오스트리아 작가 '스테판 츠바이크'는 "후회는 지나간 시간을 돌려주지 않으며, 천 년이 지나도 한 시간 동안 잃어버린 것을 만회할 수 없다."고 했다. 코칭을 하다 보면, 대부분 지나간 과거에 붙들려 현재 괴로운 시간을 보내는 경우가 많은 것을 알 수 있다. 후회하느라 현재의 소중한 시간을 낭비할 필요는 없다. 일단 우리가 과거를 지배하려고 하지 않고 놓아주면 과거는 더 이상 우리를 지배하려 하지 않을 것이다. 후회라는 정신적 감옥에서 과감하게 탈출하는 노력은 우리의 삶을 평화롭게 이끌어줄 것이다.

감사일기

:
:

인성강의의 첫 시작은 '감사일기'를 쓰는 것이다. 처음에는 '매일매일 감사할 일이 뭐가 있을까?'를 고민하던 학생들이 학기 끝날 무렵에는 감사할 일이 많이 있다는 것에 놀라움을 금치 못했다는 이야기들을 한다. '매튜 헨리'는 "감사하는 사람은 진흙 속에 살면서도 그것을 은혜로 안다. 그 이유는 보석은 진흙 속에서도 보석이기 때문이다."라고 했다. 탈무드에서는 "감사하지 못하는 세 가지 이유는 교만과 비교의식, 그리고 인간의 끝없는 탐욕 때문이다. 감사하는 법을 배울 때 우리는 인생에서 나쁜 일이 아니라 좋은 일에 집중하는 법을 배우는 것이다."라고 했다. 또한 "인생에서 가장 멋진 일은 모든 일에 감사하는 것이다. 이를 터득한 사람은 산다는 것의 의미를 아는 사람이다."라고 말한 '알버트 슈바이처'처럼 감사할 줄 안다는 것은 삶의 의미를 아는 사람이다. "고맙습니다." "감사합니다." "사랑합니다." 이 세 마디가 우리의 인생을 바꿀 수 있다. 감사의 마음을 가지는 것도 습관이다. 감사를 하면 할수록 감사할 일만 생기게 마련이다. 불평을 하면 할수록 불평할 일만 생긴다. 오늘 지금 무엇을 선택할 것인지는 각자 선택의 몫이다.

버리는 것도 용기다

···

포기한다는 것은 다른 선택을 한다는 것이고 새로운 기회를 예고하는 것이기도 하다. 포기한다는 것은 계속 움직이는 것을 의미이기도 하다. 어느 한 부분을 포기한다는 것은 인생의 여정에서 멈추는 것이 아니라 더 나은 방향으로 한 걸음을 내딛는 것이다.

10년 동안 하던 사업을 접은 적이 있다. 경험부족이었고, 사업계획서 하나 없이 시작한 것이 실패의 원인이었다. 거기에 IMF까지 겹쳐 투자금 모두 까먹고, 빚까지 진 채로 포기할 수밖에 없었다. 하지만 지나고 보니, 직장이든 사업이든, 습관이든 버리고 떠난 것은 꿈을 실현할 수 있는 쪽으로 방향 전환이 되었다는 것을 깨닫게 되었다. 덕분에 다른 기회를 얻게 되었고, 그 기회로 더 많은 것을 얻게 되었다. 역경은 다른 깨달음을 주거나 다른 기회를 준다는 것을 알게 되었다. 버리는 것도 용기다. 버리고 떠나는 것은 더 큰 결단이다. 삶의 방향키를 바꾸는 새로운 도전의 시작이다. 버려야 채울 수 있고, 떠나는 아픔이 있어야 다시 돌아오는 기쁨이 있는 것이다. 다만, 그만둘 때 정말 죽을 각오로 해보았는지, 더 이상 해볼 여지는 없는지 신중히 판단한 다음 결정해야 할 것이다. 어떤 일이든 시작할 때와 그만둘 때를 결정하는 일이 삶에 있어 정말 중요한 일이다.

영리한 물고기의 게임

:
:

　물고기가 낚싯줄에 걸리게 되면 보통은 줄의 반대 방향으로 움직인
다는 사실을 아는 낚시꾼은 줄을 풀었다 당겼다 하면서 물고기가 지쳐
쉽게 끌려올 때까지 그 게임을 즐기게 된다. 그러나 가끔씩 나타나는 영
리한 물고기는 이 게임에 말려들지 않는다. 영리한 물고기는 줄을 팽팽
하게 만들지 않고 낚싯대 쪽으로 헤엄쳐서 다가오며 낚싯바늘에서 벗어
날 방법을 찾는다. 삶에서 영리한 물고기처럼 힘을 빼고 위기에 대처하
는 방법을 깨우쳐 가는 것이 바로 '역량'을 키우는 것이다. 현실에 저항
하다 보면 지쳐 쓰러질 것이고 내가 원하는 미래를 만들어갈 기회를 잃
게 될 것이다. 특히 사람과의 관계에서 신경 줄을 팽팽하게 당기는 것은
조만간 끊어지는 것을 예고하는 것이다. 현실을 솔직히 바라보고, 긴장
이나 불편한 기분을 받아들이고, 내가 진정으로 원하는 목적에 초점을
맞추면 그때부터는 내가 원하는 방향으로 내 삶의 배를 운항할 수 있을
것이다.

지혜로운 사람

:
:

　지혜롭다는 건 갖고 있는 지식을 잘 활용할 수 있는 능력이 있음을 의미한다. 지혜는 내 안에 차고 넘쳐서 밖으로 표출되기도 하지만 지혜로운 사람을 만남으로써 이루어지기도 한다. 지혜로운 사람을 만나는 일은 내가 지혜로운 사람이 될 수 있는 절호의 기회이다. 소중한 만남은 기다리는 것이 아니라, 찾아가서 만들어야 한다. 찾아간다는 것은 꼭 오프라인의 만남만은 아니다. 온라인에서도 지혜로운 만남을 얼마든지 할수 있다. 지혜로운 사람을 만난다는 것은 내 삶의 멘토를 만나는 일이기도 하다. 힘들고 어려울 때 가장 많이 의지하는 것이 '지혜'이기 때문이다. 다만, 어떤 사람이 지혜로운 사람인지를 구별해내는 통찰력은 다양한 경험과 독서를 통해 얻을 수 있을 것이다.

주변이 어수선하면 인생이 꼬인다

·
·
·

『아무것도 못 버리는 사람』을 쓴 '캐런 킹스턴'의 인테리어 풍수에 의하면, 주변의 잡동사니를 치우지 않으면 결코 새로운 에너지가 생길 수 없다고 한다. 지저분한 집, 책상 위의 서류, 탁자 위에 흩어져 있는 우편물들, 입지 않는 옷들로 가득 찬 옷장, 냉장고 자리만 차지한 오래된 야채, 반찬, 이런 것들이 우리네 삶을 어지럽히는 잡동사니들이다. 잡동사니를 버리지 못하는 이유는 여러 가지가 있다. 만일을 대비해서, 자신의 일부분으로 여겨서, 신분 과시용으로 소유해야만 안심, 부모에게서 물려받은 유산, 다다익선이란 생각으로, 본전 생각에, 외로움이나 불안 등 감정을 억누르기 위한 수단, 언젠가는 쓰일지도 모른다는 강박관념. 하지만 이런 잡동사니를 많이 갖고 있으면 있을수록 새로운 에너지가 생길 수가 없다. 막상 버리려 해도 어느 기준으로 버려야 할지 판단이 서지 않을 때가 많다. 그럴 때는 다음과 같은 기준을 정해보면 좋다.

'이 물건을 바라보거나 이 물건에 대해 생각할 때 나의 에너지는 상승하는가?'
'나는 이 물건이 절대적으로 좋은가?'
'이 물건은 진정 유용한가?'

"아니오."라는 대답이라면, 버려도 안전하다. 버리는 데 있어 잘못된 선택이란 없다는 생각을 하면 버리는 것에 익숙해질 수 있다. 물건 못지않게 정리해야 할 것이 정신적 잡동사니인 듯하다. 독성이 있는 생각, 독성이 있는 사람, 독성이 있는 믿음 같은 정신적 잡동사니를 정리하기 위해서는 마음 청소를 깨끗이 해야 할 것이다. 걱정을 멈추고, 비판, 판단, 험담, 불평, 불만, 잡념들의 생각 쓰레기들을 과감하게 정리하는 것이다. 정말 중요한 것은 나에게 나쁜 에너지를 전달하는 사람을 정리하는 일일 것이다.

마음의 열매

．
．
．

　많은 사람들을 만나다 보니, 여러 가지 다른 '인격'을 보게 된다. 인격을 잘 갖추고 있는 사람에게 믿음이 생기고 신뢰가 생기게 된다. 인격은 포장된 채 현관에 배달되는 택배 상품이 아니다. 인격은 카탈로그에 나오지 않고, 온라인으로 주문할 수도 없다. 내가 필요할 때 우편배달을 신청할 수 있는 것도 아니다. 인격은 하루아침에 만들어지지 않기에, 인격의 필요성을 느낄 때는 이미 너무 늦다. 삶에 있어 비상사태가 발생하는 것은 인격을 쌓을 때가 아니라, 쌓아 둔 인격을 사용할 때이다. 인격은 바른 사고, 시간, 고통의 압력, 바른 의사결정이라는 네 가지 기본 요소로 비옥해진, 변화된 마음을 갖고 있을 때 형성된다. "인격은 꿈꾸듯 만들어지는 것이 아니다. 자신을 망치질하고 불에 단련해야 한다."고 한 제임스 A. 프로우드의 말처럼 오랜 시간 갈고닦아야 품위 있는 인격이 만들어지는 것 같다. 인격은 마음의 열매이다.

말버릇

∘
∘
∘

　지금 우리의 모습은 과거부터 현재까지의 생활습관이 만들어낸 결과다. 표정, 말투, 걸음걸이부터 식사, 수면 등의 생활방식에 이르기까지 모든 것이 평소의 습관이 누적되어 형성된 것이다. 그리고 한번 몸에 밴 버릇과 습관은 인격의 일부가 되어 나타나기도 한다. 그중에서도 특히 주의해야 할 습관이 바로 '말버릇'이다. 말은 개인의 생각과 사고방식을 형성한다. 내가 일상생활에서 자주 접하는 '말버릇'에 이런 것이 있다. '그럴 만한 돈이 없다.' '그럴 시간이 없다.' '그만한 능력이 없다.' 이 세 문장을 "없다 투성이의 부정 Big 3"로 부른다. 자칫 조심하지 않으면 이런 부정적이고 비관적인 말을 하는 게 버릇이 되어 사고방식도 부정적, 비관적으로 바뀌게 된다. 우리의 뇌는 내뱉은 말을 정확하게 다시 읽어 들이기 때문에 부정적인 말만 들으면 '할 수 없다'고 결정을 내리기 때문이다. 늘 '짜증난다'는 말을 입버릇처럼 하는 사람에게는 희한하게 짜증나는 일이 자주 일어나고 늘 주변 사람을 탓하는 사람들 곁에는 이상한 사람들이 꼬이는 것을 볼 수 있다. 사람은 뇌를 부정적인 말로 가득 채우거나 근심 걱정을 품은 채로 있다 보면 심한 불쾌감과 스트레스를 느끼게 되고 끌어당김의 법칙에 의해 그런 상황이 만들어진다. 현재 나의 말버릇이 미래의 나를 만든다는 것을 인지한다면, 내가 되고 싶은 자기상에 어울리는 말버릇으로 새로운 나를 기획하는 것이 좋을 것이다.

응집력

.
.
.

응집력이 없는 모래도 시멘트 가루와 물을 만나면 쉽게 부서지지 않는 단단한 응집력이 생긴다. 모래 혼자서는 아무런 힘을 발휘하지 못하지만, 시멘트 가루와 물을 만나 엄청난 힘을 가질 수 있게 된 것이다. 어떤 일을 이루어내기 위해 꼭 필요한 '기회'와 '여건'도 마찬가지이다. 내가 하고자 하는 일에 '기회'와 '여건'을 버무리면, '성공'이라는 단단한 응집력을 만들어 낼 수 있을 것이다. 하지만 그 기회와 여건은 저절로 만들어지는 것은 결코 아니다. 전진할 수 있는 징검돌을 만들어야 하고, 도약하기 위한 디딤돌을 마련해야 한다.

아인슈타인 인생 최고의 공식

•
•
•

세계 최고의 두뇌를 가졌던 아인슈타인이 인생 최고의 공식이라며 성공 공식을 발표한 것이 있다. "인생의 성공 공식은 a = x × y + z 입니다. a가 인생의 성공이라면 x는 일이고, y는 휴식입니다." "그러면 나머지 z는 무엇입니까?" "그것은 침묵을 지키는 것입니다." 성공적인 삶에 있어서 일과 휴식을 곱해야 하고 침묵을 더해야 한다는 것은 시사하는 바가 많은 내용이다. 얼마나 말을 잘하느냐 만큼 얼마나 말을 절제할 줄 아느냐도 무척이나 중요한 일이라 생각한다. 한번 생각해 보자. 우리가 하루에 내뱉는 말 중에 얼마나 불필요한 말이 많은지, 또한 해서 오히려 더 손해를 입는 말들이 얼마나 많았는지. 특히 페이스북에서의 글 또한 문자언어라 생각했을 때, 댓글언어도 정말 중요하다고 생각한다. 만약 글 쓴 사람의 의도가 나하고 다르다 생각할 때는 패스하면 그뿐이다.

댓글을 쓸 때는 내가 쓴 댓글이 글쓴이에게 도움이 될까? 나에게 도움이 될까? 사람들에게 도움이 될까? 이 세 가지 중 하나라도 부합되는 것이 없다면, 그 댓글은 쓰지 않는 것이 좋다. 자신의 담벼락에 쓴 견해에 옳고 그름을 따지기 보다는 다름을 인정하는 것이 바람직하다. 나와 생각이 다르다는 이유로 나도 기분 나쁘고, 상대방도 기분 나쁜 댓글을 다는 것은, 불필요한 감정낭비를 하는 것이다. 침묵해야 할 때 침묵할 줄 아는 것이 인생의 성공이라고 한 아인슈타인의 말을 잘 새겨야 할 것이다.

말 한마디

:
:

　지존파의 대부였던 청년이 법정에서 사형선고를 받았다. 그가 법정에서 마지막으로 한 말은 "제가 초등학교 다닐 때 선생님한테 미술 시간에 크레파스를 가지고 오지 않았다고 꾸지람을 호되게 받았습니다. 나는 너무나 가난해서 가지고 올 수 없었는데, 그 말을 할 수가 없었습니다. 선생님은 화를 내시면서 매를 때렸습니다. 나중에는 '준비물을 가져오라면 훔쳐서라도 가져와야 할 것 아니냐?'라고 하셨습니다. 그때부터 나는 물건을 훔치기 시작했고, 훔치는 것이 재미있었습니다. 선생님의 그 한마디가 내 일생을 바꿔 놓았습니다."였다. 내가 뱉은 한마디의 말이 얼마나 중요하고 얼마나 무서운지 다시 한번 생각하게 된다.

　화가 났을 때 자녀들에게 아무런 거리낌 없이 하는 말들이 많이 있다. 어린 자녀들을 향한 말 한마디의 잘못이 이런 무서운 결과를 가져올 수 있다. 무심코 던진 말 한마디는 그들의 인생에 뿌리박혀 깊은 영향을 끼친다. 말하는 바대로 이루어지는 '피그말리온 효과'는 내가 늘 쓰는 언어가 어떤 언어인지에 따라 내 삶을 바꾸어 놓는다. 긍정적인 언어, 희망적인 언어, 낙천적인 언어, 자신감이 넘치는 언어로 내 삶을 가꾸어야 한다.

중용지도

· · ·

　썩은 과일을 도려내면 먹을 것이 남지 않고, 미운 사람을 걸러내면 쓸 사람이 안 남는다. 칭찬은 들으면 들을수록 기분이 상쾌하나, 질책은 들으면 들을수록 기분이 불쾌하다. 욕을 하도 많이 먹다 보면 욕에 둔감해지고, 매를 하도 많이 맞다 보면 매에 익숙해진다. 너무 당기면 줄이 끊어져 종말이 되기 쉽고, 너무 퉁기면 물이 엎어져 종말이 되기 쉽다. 소중한 나의 것이 남에겐 하찮을 수도 있고, 소중한 남의 것이 나에겐 하찮을 수도 있다. 소중한 나의 행복이 남의 불행일 수도 있고, 소중한 남의 행복이 나의 불행일 수도 있다. 행복해도 역지사지의 겸허를 알아야 하고, 불행해도 전화위복의 교훈을 알아야 한다. 남 비판하는 자가 저 비판받는 줄은 모르고, 비난하는 자가 저 비난받는 줄은 모른다. 강철은 강하지만 부러질 우려가 다분하고, 대쪽은 곧다 해도 쪼개질 우려가 다분하다.

　매사 넘치지도 않고 모자라지도 않게 처세하며 사는 것이 삶의 '중용지도'이다. 그래서 선조들이 '과유불급'을 그렇게 강조하셨나 보다. '중용' 하면 생각나는 사람이 황희 정승이다. 안방에 들어가면 아내 말이 맞다 하고, 마당에 가면 머슴 말이 맞다 하고, 사랑에선 아들 말이 맞다고 하면서 누구하고도 적을 만들지 않은 사람으로 유명하다. '중용'은 쓰는 사람에 따라, 상황에 따라 삶의 지혜가 될 수도 있고, 진실이 없는 사람이 될 수도 있다. 그래서 '중용'이 더욱 어렵다. 삶의 '중용-지도'를 지혜롭게 잘 활용하면 처세의 달인이 될 수 있다. '중용'을 잘 지키며 사는 일 그것이 우리네 삶의 숙제이다.

· · · · ·

4

한 번뿐인 삶을
잘 사는 방법

아낌없이 버려야 할 것들

∶
∶

1. 최대의 강적······ "게으름"

2. 나는 괜찮고 남은 안 된다는······ "이기심"

3. 어떻게든 되겠지라는······ "무책임함"

4. 작심삼분······ "무기력"

5. 남의 단점을 부각시키고 나의 단점은 보지도 않는······ "거만함"

6. 제대로 해보지도 않고 포기해버리는······ "의지박약"

7. 뻔뻔하게 하는······ "거짓말"

8. 남이 잘되면 배 아파 하는 쓸데없는······ "질투심"

9. 구질구질한······ "핑계 변명"

10. 남에게 의존하려는······ "어리석음"

11. 조금만 힘들어도 도중에 포기하는······ "냄비근성"

12. 우유부단한 성격을 착한 성격으로 착각하는······ "무분별력"

13. 세속적이고 계산적이고 잔머리 굴리는······ "얍삽함"

14. 충고나 듣기 싫은 소리는 귀 기울이지 않고 좋은 소리만 듣는······ "얄팍함"

15. 약한 자는 무시하면서 강한 자에게 아부하는······ "비굴함"

16. 화가 나면 이성을 상실하는······ "무통제력"

17. 다른 사람의 생각을 받아들이려 하지 않는······ "고집불통"

18. 겉으로만 판단하는…… "편견"

　마음이 가난한 사람은 필요 없는 것들을 버리지 못하고 소유하려 하고, 마음이 부자인 사람은 필요 없는 것을 과감하게 버리고 필요한 것을 소유하려고 노력하는 사람이라고 한다.

한 번뿐인 삶을 잘 사는 방법

．
．
．

문득 '내가 바라는 삶은 어떤 삶일까?'라는 생각이 들 때가 있다. 한 번뿐인 삶이다 보니, 어떤 방향이, 어떤 목표가 올바른 선택인지 잘 분간이 안 가서 많은 시행착오를 겪게 된다. 많은 시행착오를 겪다 보니 몇 가지 중요한 사실을 깨닫게 되었다. 성공하려 하기보다는 성장하려는 마음을 가져야 하고, 다른 사람과 비교하기보다 어제의 나와 비교해야 하고, 성과 목표 대신 경기력 목표를 가져야 하고, '그럴 수는 없어.'라는 마음에서 벗어나 '그럴 수도 있어.'라는 마음과, 누군가에게 벌어질 수 있는 일들이라면, '나라고 왜 예외이겠는가?' 자기중심성에서 벗어나는 마음이 필요하다는 사실이다.

스위치 방식보다는 다이얼 방식으로 살아가는 것도 중요하다. 스위치 방식은 '모' 아니면 '도' 식으로 둘 중의 하나를 선택하는 삶이지만, 다이얼 방식은 0부터 100까지 다양한 눈금이 있기에, 그때그때 최선을 다하며 눈금 하나하나에 온 정성을 쌓는 것이다. 문제가 생겼을 때 '왜'라는 질문보다는 '어떻게 해결해야 하지?'라는 해결중심적인 질문이 삶에 도움이 된다. 또 중요한 것이 바로 '성장네트워크'를 연결하는 일이다. 성장의 기운을 나눌 수 있는 동반자와 관계망이 필요하다. 물론, 늘 서로 소통하는 관계도 중요하지만, 서로 성장을 도울 수 있는 관계가 더 중요하다. 결국 인생의 역경을 이겨내는 회복탄력성을 키우는 데 있어 가장 중요한 것은 삶의 '긍정성'을 갖는 것이다. 삶의 긍정성은 나를 성장시키고 더불어 잘 살 수 있는 좋은 관계를 형성한다. 자기조절 능력과 대인관계 능력을 향상시키고 긍정적 뇌로 변화시키는 힘이 바로 삶의 '긍정성'이다. 긍정적인 생각은 전두엽을 활성화시켜 마음 근육을 단단하게 키워준다.

좋은 운 나쁜 운

행운은 가만히 있는데 생겨나지 않는다. 부지런히 일하고 움직여야 운이 생긴다. 한자로 운運은 운반하는 것, 움직이는 것을 뜻한다. 그렇기 때문에 행운이란 뭔가를 준비하는 사람, 쉬지 않고 꾸준히 노력하는 사람, 자신의 편안함이나 자만심을 버린 사람, 가까이 있는 것을 사랑하면서도 멀리 내다볼 줄 아는 사람, 고난이 닥쳐도 기꺼이 즐거운 마음으로 자신 있게 극복하는 사람에게 오기 마련이다.

고 정주영 회장은 "사람은 누구나 나쁜 운과 좋은 운을 동시에 가지고 있다. 운이란 시간을 말하는 것인데, 하루 24시간 일 년 사계절 중에서 즐겁게 일하는 시간이 좋은 운이다. 이것을 놓치지 않고 열심히 일하는 사람에게는 나쁜 운이 들어올 틈이 없다."라고 했다. 행운은 준비하고 있는 사람을 좋아한다. 일찍 일어나고, 열심히 일하고, 신중하고, 절약할 줄 알고, 매우 정직한 사람치고 자신의 불운을 탓하는 사람을 본 적이 없다. 훌륭한 인격과 좋은 습관, 무쇠 같은 부지런함은 어떤 불운이라도 이겨낼 수 있는 요새이다. 호암 이병철 회장은 생전에 '운', '둔', '근'이란 말을 자주 썼다. 사업에 성공하기 위해서는 '운'이 따라야 하고, 당장 운이 없으면 우직하게 기다릴 줄 알아야 하며, 운이 닿더라도 끈기가 있어야 내 것으로 만들 수 있다는 가르침이다.

작지 않은 작은 기회

.
.
.

　결정적인 단 한 번의 기회를 기다리느라 눈앞의 작은 기회를 버리는 것은 어리석은 일이다. 작은 기회라고 가볍게 여기지는 말라. 그 작은 기회가 결정적인 기회를 얻기 위한 초석일 수 있다. 소중하지 않은 기회는 없다. 어떤 기회가 어떻게 연결될지는 누구도 알 수 없다. 우리의 삶을 변화시키는 인연은 학연, 혈연, 지연이 아니라, 우연히 만난 낯선 사람이라 했다. 일명 '낯선 사람 효과'다. 어떤 낯선 사람이 나의 삶을 변화시킬지는 아무도 알 수가 없다. 내게 다가오는 모든 기회와 모든 인연을 소중히 하는 것이 내 삶을 변화시킬 수 있는 초석을 다지는 일이다.

토킹 스틱Talking Stick

.
.
.

촌철살인寸鐵殺人과 촌철활인寸鐵活人. 허를 찌르는 한마디 말이 수천 마디의 말을 능가하고, 한마디 말로도 상대방을 충분히 감동시킬 수 있을 때 일컫는 말이다. 말 한마디로 사람을 죽일 수도 있고 살릴 수도 있다. 주제를 벗어나지 않고 핵심을 찌르는 간결한 말일수록 강한 인상을 남기게 마련이다.

사람들은 의외로 집중력이 좋지 않다고 한다. 어린이는 6초, 성인은 8초이다. 그래서 스피치를 할 때는 문장을 길게 늘이기보다는 간결하게 하는 게 효과적이라고 한다. 하지만 무조건 짧다고 해서 훌륭한 스피치가 될 수는 없다. 링컨의 게티스버그 연설이 유명한 이유는 272개의 짧은 단어 안에 세상을 움직일 만한 내용을 담았기 때문이다. 272개의 단어 안에 남북 전쟁의 의미와 자유의 가치, 민주정부의 원칙까지 압축해 제시했기에 역사적으로 남을 명연설로 기억되고 있다. 소통은 관계를 파악하는 것에서 출발해서 가능한 한 많은 교류로 상대방의 이야기를 듣는 것이 중요하다. 상대방이 어떤 사람인지 알기 위해서는 상대방의 이야기를 많이 들어야 하는데, 처음 만나는 자리에서도 자신의 이야기만 하는 사람들이 의외로 많은 것을 볼 수 있다.

북미 인디언인 이로코이족은 회의를 할 때 둘러앉아 한 사람씩 "토킹 스틱Talking Stick"을 사용했다고 한다. '토킹 스틱'은 대머리 독수리가 정교하게 새겨진 1.5m짜리 지팡이다. 이 지팡이를 가진 사람만이 발언할 수 있으며, 말하는 동안에는 그 누구도 끼어들 수 없다. 발언자는 그 뜻을 모든 사람이 정확하게 이해했는지 재차 확인을 하고 다른 사람에게 지팡이를 넘겨준다. 그런데 한 사람씩 돌아가며 의견을 얘기하고 그것을 듣는 과정 중에 부정적인 감정과 논쟁보다는 창의적인 아이디어가 생겨나는 놀라운 일이 일어났다고 한다. 바로 토킹 스틱*Talking Stick*의 힘이다. 말하는 것 못지않게 중요한 것이 '경청'이라는 것을 깨닫게 하는 사례이다.

'경청'은 놀라운 힘을 가지고 있지만, 사람들은 상대방의 말을 듣기보다는 자신의 말만 쏟아놓는 경우가 많다. '경청'을 잘 하지 못하는 이유는 선천적으로 사람들은 말하기를 즐기기 때문이기도 하고 자기 자신에게 더 관심이 있어서다. 말하는 내용이 중요한 것이 아니라, 그것을 어떻게 말할 것인지가 중요하고, 상대방의 말을 상대방 의도에 맞게 어떻게 잘 들을 것인지가 소통에 있어 가장 중요하다. 그래서 글쓰기와 다른 사람의 쓴 글을 읽는 것이 중요하다.

미성숙된 자아를 품고 살면

:
:
:

　모든 달걀이 다 부화되는 건 아니다. 무정란은 수정이 되지 않은 알이라 아무리 때깔이 곱고 아무리 커도, 아무리 애써도 부화되지 않는다. 사람도 그러하다. 아무리 나이를 먹었어도, 아무리 많은 경험을 했어도, 아무리 많이 배웠어도 결코 부화되지 않는 미성숙된 자아를 품고 사는 경우가 있다. 미성숙된 자아를 품고 살면, 자신의 허물에는 관대하면서 다른 사람의 허물에는 인색하다. 자신의 교양에 대해 위선적이고 독선적 착각을 하고 있다. 공명심은 앞세우고 수치심은 뒤에 미뤄놓고, 늘 부정적이며, 배타적이다.

　"난해한 지성보다는 순수한 무지가 낫고, 유능한 오만보다는 무능한 겸허가 낫다."는 말이 있다. 아무리 애써도 부화되지 않는 미성숙된 인격을 품고 있다면 곪아 터지기 전에 과감히 깨버릴 수 있는 용기가 필요하다.

유머 감각이 좋은 사람

．
．
．

　유머 감각이 좋은 사람이 매력 있고 호감이 간다. 유머 감각이 있는 사람은 매사 긍정적으로 생각하고, 자신에 대한 질시나, 질타도 유연하게 유머로 넘길 수 있을 만큼 마음이 여유롭다. 어려운 과제일수록 흥미를 느끼고, 언제나 밝은 표정과 친근한 말투로 상대방을 편안하게 해주는 매너를 갖추고 있다. 사물을 입체적으로 살피는 능력이 있고, 자신의 감정을 조절할 줄 안다. 또한 심신이 건강하고 인생의 비전이 뚜렷하다. 외국 대통령 중 유머 감각이 아주 뛰어난 사람이 바로 케네디 대통령이다. 케네디 대통령에 대한 유머 사례가 많은데 그중 하나를 들어보자. 백악관 집무실에서 자기 아우인 로버트 케네디 법무장관이 백악관에서 가장 영향력이 있는 사람이라고 보도한 어떤 시사주간지를 보면서 대통령과 보좌관들이 웃고 있었는데, 마침 케네디 법무장관으로부터 전화가 왔다고 비서가 인터폰으로 알려주었다. 전화기를 든 케네디 대통령은 정색을 하고, "Hello? This is the second most influential man in the White House speaking(어보세요? 나는 백악관에서 두 번째로 영향력이 있는 사람입니다.)"라고 말해서 보좌관들의 폭소를 자아냈다고 한다. 어느 상황에서도 문제를 멋지게 해결하고 대처할 수 있는 능력이 바로 유머 감각이다.

소통의 달인

혹시 대중 앞에서 말할 기회가 있거나 누군가를 설득할 일이 있다면 오바마처럼 소통의 달인이 되어 보는 건 어떨까? 청중이 선택적 지각(듣고 싶은 정보만 취사 선택)을 하는 사실을 잘 알고 있던 오바마는 미국 국민들이 듣고 싶어 하는 미래의 비전을 제시했다. 이야기를 장황하게 늘어놓기보다는 자신의 주장을 압축하여 반복하며 이야기를 전하였다. 오바마는 말의 내용보다는 감정이입이나 화자와 청중의 교감이 더 중요하다는 것을 정확하게 알았다. 힐러리는 자신의 주장만 피력하였지만, 오바마는 자신을 길러준 백인 외조모의 이야기를 시작으로 힐러리와 클린턴을 칭찬하고 차이를 인정하고 통합으로 나아가자고 설득을 하였다.

오바마는 반복 효과의 스토리 화법을 적절하게 이용하였다. 단순 반복이 아닌 치밀한 계산을 통한 전략적인 반복(보통 TV 광고는 3~7회 반복적으로 메시지를 전달하기에 효과가 있다)을 시도했다. 오바마는 '마틴 루터 킹'의 경쾌하고 열정적인, 딱딱 끊어지는 반복이 나타나는 말투 "나는 꿈이 있습니다."를 모방하여 "여러분은 알고 있습니다." "그들은 말했습니다. 이 날이 결코 오지 않을 것이라고." 등의 반복화법을 적절하게 활용했다.

사람들의 마음을 움직이는 오바마의 스피치 화법은 선천적으로 타고난 것이 아닌, 꾸준한 노력과 모니터의 결과라고 한다. 말하는 사람의 모든 행동(얼굴 표정, 목소리, 몸동작) 등은 모두 소통의 도구이다. 심지어는 침묵조차도 언어가 될 수 있다. 메라비언 법칙에 의하면 상대방을 설득하는 데 있어서 태도가 55%, 목소리(말투 화법, 음성) 38%, 내용은 7%를 차지한다고 했다. 이렇듯 상대방과 소통하는 데 있어서 내용보다 더 중요한 것이 공감하는 표정이나 진심이 담긴 목소리라는 것을 알 수 있다. 오바마는 2007년 대선을 준비하면서 케네디의 스피치 라이터였던 '시니어 소렌슨'을 영입해서 피나는 스피치 연습을 했다고 한다. 이런 연습을 통해 공간언어(청중 앞으로 다가가 친근감을 전달하고 무대 전체를 넓게 활용해 역동적인 움직임을 보여줌)를 활용할 수 있었고, '청중의 눈'을 보며 말하는 것을 통해 청중에게 진심으로 다가가고 집중하고 있다는 것을 표현할 줄 아는 능력이 생긴 것이다. 또한 자신이 갖고 있는 이미지를 극대화(미소, 세련된 의상)하므로 미국 국민들과 소통하여 본인이 원하는 바를 얻어낼 수 있었던 것이다.

운명의 기회 1%

•
•
•

인생은 어쩌면 오르막길과 내리막길을 교차하는 롤러코스터를 타는 것과도 같다. 롤러코스터를 타는 인생길에서는 내리막일 때 준비를 잘 해야 오르막길을 수월하게 올라갈 수 있을 것이다. 이때 어떤 준비를 어떻게 하느냐에 따라 인생이 바뀔 수도 있다. 인생을 바꾸는 것은 거창한 것이 아니라, 그냥 지나치기 쉬운 하찮은 것인 경우가 많다. 인생은 수학공식처럼 정확한 프레임도 없고 정답도 없고, 정답이라고 믿었던 것이 내일은 오답이 될 수도 있는 것이다. 결국 내 삶을 바꾸는 것은 모든 사람들이 말하는 99%의 소중한 그 무엇이 아니라 모든 사람이 하찮게 여기는 1%에 있다. 운명의 기회인 1%가 내 삶을 180도로 바꾸기도 한다. 그 1%는 인맥일 수도 있고, 노력일 수도 있고, 성실, 다른 사람과의 관계에서 지켜야 하는 신뢰일 수도 있다. 그 1%는 바람개비와 같다. 바

람개비는 저 혼자 힘으로 돌아가지 않는다. 꼭 바람이 불어야 한다. 바람개비를 제대로 돌리기 위해서는 바람의 방향을 잘 감지하거나, 바람개비를 안고 힘껏 달려야 한다. 내 안의 바람개비를 바람에만 의지하지 않고, 내 의지로 돌릴 수 있는 지혜가 필요하다.

세상에서 가장 먼 거리

∴

　세상에서 가장 먼 거리는 머리에서 가슴까지의 거리이다. 30센티밖에 안 되는데 김수환 추기경님도 60년이 걸렸다고 말씀하셨다. 내 머리에서 가슴까지 내려오는데도 이렇게 많은 시간이 걸리는데, 하물며 상대방의 가슴을 이해한다는 건 결코 쉬운 일은 아닐 것이다. 사람들을 만나보면 아는 것은 많은데 자기만이 옳다는 독선과 아집으로 똘똘 뭉쳐 있어 따스함이 전혀 느껴지지 않는 사람이 있다. 처음에는 그의 박식함과 현란함에 매혹 당하지만 얼마 지나지 않아 그 사람의 곁을 하나둘씩 떠나간다. 오랜 세월이 지나도 가슴이 훈훈해지면서 아련한 그리움에 젖게 하는 사람은 진정 가슴이 따뜻한 사람이다.

성취의 씨앗

.
.
.

요트는 돛에 어떤 바람이 불어오느냐에 따라 동쪽으로 가기도 하고 서쪽으로 가기도 한다. 마찬가지로 스스로에게 어떤 자기 암시를 하느냐에 따라 우리의 사고는 상승할 수도, 추락할 수도 있을 것이다. '나폴레온 힐'은 다음과 같은 말을 했다. '만일 질 것 같다고 생각하면 정말로 질 것이다. 도전이 어렵다고 생각하면 정말로 어려울 것이다.' 어떤 일이든 잘될 것 같다고 생각하면 잘될 수 있는 방법을 모색하게 되고, 안될 것 같다고 생각하면 안될 수밖에 없는 핑계를 찾게 마련이다. 처음 텔레마케터 영업을 시작했을 때, 영업을 한 번도 해 본 적이 없었지만, 왠지 잘할 수 있을 것 같다는 자신에 대한 자신감 덕분에, 억대 연봉을 받을 수 있었고, 텔레마케터로 시작해서 10년 만에 센터장까지 승진할 수 있었다.

지금도 내가 원하는 방향대로 삶을 살아갈 수 있는 것은 오로지 나에 대한 믿음과 신뢰 덕분이라는 생각이 든다. 잘할 수 있을 거라는 자신감이 열정에너지에 불을 지피고, 열정에너지가 성실과 노력으로 준비를 하게 만들고, 준비를 철저히 하게 되니, 잘할 수 있는 디딤돌을 만들어주는 것 같다. 스스로 잘 살 수 있을 것이라는 믿음을 가질 때 비로소 원하는 바를 이루어낼 수 있다. 우리 두뇌를 구성하는 조직 어딘가에는 평소에 잠자고 있다가 적절한 자극만 부여된다면 놀랄 만한 수준의 성취를 가능하게 하는 씨앗이 숨어 있기 때문이다. 필자는 "천상천하 유아독존"
이란 말을 참 좋아한다. 이 말은 내가 누구와 비교해서 잘나고 못나고를
판단하는 것이 아닌, 오로지 내 존재가 세상에서 유일무이한 특별한 존
재로서 자신감을 갖게 하기 때문이다.

삶의 변화를 주는 모티브

머리가 비어 있고, 가슴만 뜨거운 사람은 혈기와 열정이 지나쳐 말이 잘 통하지 않는 피곤한 사람이 되기 쉽다. 그런 사람이 종교에 심취하면 편협한 광신자가 되고, 어설픈 민주주의에 도취되면 과격하고 속 좁은 불평자가 되기 쉽다. 머리가 가득 차 있는데, 가슴이 차가운 사람은 다른 사람에게 희생을 강요하면서 자기 뱃속 챙기기에 급급하다. 머리가 차고 가슴에 열정도 가득한데 손발이 말을 듣지 않아 실천하지 못하는 사람은 게으른 사람이다. 머리에 지식이 차고 가슴이 열정이 가득하고 손발이 움직이기 시작할 때 우리의 삶은 변화하기 시작한다.

변하고 싶은데 도무지 무엇을 해야 될지 모를 때가 많이 있다. 그럴 때는 모티브를 찾아야 한다. 스스로 점화할 수 있는 그 무엇인가를 찾아야 하고, 그 부분에 대한 지식을 쌓아야 하고, 끊임없이 자극을 받아야 비로소 손발이 움직이기 시작한다. 책을 많이 읽고 다른 사람의 말에 귀를 기울이며, 행동으로 경험을 쌓아야 가슴이 넓어지고 생각이 깊어지고, 사려 깊게 되고 합리적이며 지혜로워지게 된다. 삶의 수준에 대해, 사람의 가치에 대해 절대평가를 내릴 수는 없지만, 최소한 과거의 자신보다는 훨씬 나은 미래를 살게 될 것이다.

느림의 미학

.
.
.

　좀 늦게 가는 것이 인생에 실패하는 것은 아니다. 사막의 낙타는 천천히 가기에 무사히 목적지에 닿을 수 있다. 여건에 따라 속도가 다를 수 있고, 가진 능력의 깊이나 넓이에 따라 달성할 수 있는 시간이 다를 수 있다. 빠른 속도, 빠른 성장, 빠른 성공만이 인생을 행복하게 사는 것은 아니다. 서울에서 부산을 가기 위해 다양한 교통편을 이용한다. 비행기를 이용하기도, 고속도로를 이용하기도 하고, 기차를 이용하기도 한다. 하지만 인생에 있어서는 더 빨리 가기 위한 수단이 꼭 정답은 아니다. 큰길을 벗어나 국도로 가는 길은 구불구불해서 속도는 낼 수 없겠지만, 주변 자연경관을 눈에 담을 수 있고, 구수한 시골향기를 마음에 담을 수 있어 삶의 풍미를 더해주기도 한다. 하루살이 곤충은 하루 만에 자라 하루 만에 사라진다. 그래서 하루살이는 내일이란 말을 모르고 살아갈 수밖에 없다. 거목巨木은 백 년 천 년 더디게 자라지만 마디마디 군건함과 풍성함은 그 무엇과도 비길 수가 없다. 바쁜 세상을 살고 있지만 때로는 느림의 미학으로, 멋진 수채화를 그리는 여유를 느끼며 살아가는 것도 좋을 것 같다.

강점과 약점

:

쇠는 아무리 강해도 녹이 슬기 쉬우나, 납은 물러도 녹은 슬지 않는다. 강철은 강하지만 부러질 우려가 있고, 대쪽은 곧다 해도 쪼개질 우려가 있다. 단단해도 너무 단단하면 부서지는 법이고, 팽팽해도 너무 팽팽하면 끊어지는 법이다. 작은 나무는 큰 나무 때문에 햇빛을 보기 어려우나, 큰 나무 덕분에 비바람을 비켜갈 수 있고, 큰 나무는 작은 나무가 거추장스럽다고 생각할 수 있지만, 작은 나무의 뿌리 덕분에 어떤 비바람도 이겨낼 수 있는 것이다. 이렇듯 우리네 삶은 아무리 잘났어도 부족한 부분이 있게 마련이고, 가진 게 없다 하더라도 누군가에게 도움을 줄 수 있는 것이 있다. 그래서 도움을 받는다 해서 기죽을 필요 없고, 도움을 준다고 해서 교만할 필요도 없다. 누구에게나 다 강점도 있고, 약점도 있는 것이다.

실패의 경험

세상을 살아가면서 누구나 하고 싶지 않은 경험이 있다. 그것은 바로 '실패'다. 하지만 '실패'라는 '경험'을 통해서 삶은 성숙된다. 우리는 걸음마를 배울 때부터 수만 번의 실패를 통해 걸음을 걷기 시작했다. 실패는 자신을 지나치게 높게 과대평가하는 잘못을 깨우쳐주기도 하고 스스로에 대한 잘못된 환상들을 버리게 해준다. 또한 자신의 삶을 새로운 시각에서 바라볼 용기로 새로 발견할 삶의 모습을 찾게 해주는 것 같다.

실패는 새로운 것을 시험해 볼 수 있고, 자신에 대한 생각을 넓히고 새로운 자원들을 찾아내고 지금까지 묵혀두었던 자신의 능력들을 키워내는 등의 이점이 있다. 그러고 보면 실패는 옛길에서 벗어나는 나침반이며, 이제까지 붙잡고 있던 과대 포장된 자기 자신의 모습에서 벗어나는 계기가 될 수 있다. 실패를 통해 오만하고 교만했던 삶의 태도를 바꾸게 되는 것이다.

되돌아보니 이러저러한 실패는 창의력, 인격, 다양한 관계, 우정, 겸손, 사소한 일상의 기쁨 등을 새로 발견하게 도와주는 긍정적인 효과도 있다. 그런 의미에서 실패는 더 이상 적이 아니라 친구다. 그 누구도 실패라는 친구를 옆에 두고 싶어 하지는 않을 것이지만… 살아가는 데 있어서 매일매일 성공이라는 햇빛만 있다면 온 세상은 사막이 되고 말 것이기에, 가끔은 실패라는 폭풍우도 필요한 것이다. '실패'로 얻어지는 '경험'이라는 피드백을 겸허히 받아들일 수 있을 때 실패는 실패로 끝나지 않는 것이다.

딜레마

．
．
．

우리가 매일 부딪히고 해결해야 하는 딜레마는 수도 없이 많이 있다. 보편적이어야 할까? 독창적인 것이 좋을까? 내용을 중시해야 할까? 형식을 중시해야 하나? 급진파가 되어야 좋을까? 온건파가 되어야 좋을까? 규칙을 준수해야 하나? 아니면 급한 불을 꺼야 하나? 등등 이 모든 딜레마에 빠졌을 때 잃지 않아야 할 것이 바로 방향감각이다. 조지 버나드 쇼는 "지옥에 있다는 것은 표류하고 있다는 것이고, 천국에 있다는 것은 키를 잡고 있다는 것이다."라고 했다.

딜레마에 빠졌을 때는 일단 거기에서 빠져나와 방향감각을 잡고 결정해야 하는데, 방향감각을 잘 잡고 결정할 수 있는 힘이 바로 '가치관'이다. 딜레마란 모름지기 신속히 빠져나와야 행로가 열리게 마련이다. 이런 딜레마에 빠졌을 때 최고의 적은 '오만'이다. '오만'은 강점을 오히려 약점으로 만들어 최악의 수를 두게 될 수밖에 없다. 딜레마에 빠졌어도 고개를 숙일 줄 아는 겸손함과 올바른 가치관이 있다면, 결코 위험에 부딪칠 일은 없을 것이다. 삼성의 고 이병철 회장님께서 운運, 둔鈍, 근根을 이야기한 바 있다. 성공하려면 무엇보다 운이 따라야 하고 당장 운이 닿지 않으면 우직하게 기다릴 줄 알아야 하며, 용케 운이 닿아도 끈기가 있어야 내 것으로 만들 수 있다는 말이다.

시간의 우선순위

∴

　머리가 어수선할 때가 있다. 할 일도 많고, 해야 할 일도 많은데, 어떤 것을 먼저 해야 할지 대략 난감일 때가 있다. 내가 하는 일을 원하는 방향대로 이끌어갈 수 있는 힘은 수많은 생각들을 정리할 수 있는 능력과, 해야 할 일들이 서로 방해되지 않도록 조화를 이루는 기술을 갖는 것이다. 그런 조화를 이룰 수 있는 비결은 바로 집중력과 우선순위를 잘 잡는 것이다. 집중력이 떨어지고, 우선순위를 결정하는 결정 장애가 있다면, 매사 헝클어진 사람이 되어, 시간은 시간대로 흘려보내고, 효율은 떨어질 수밖에 없을 것이다. 집중력과 일의 우선순위를 잘 잡아서 일을 추진하는 사람은 아무리 바빠도 여유가 있고, 언제나 한가한 듯해도 일의 진척도 빠르고 중심도 잡혀있다. 바쁘다는 말을 하는 것은 결코 자랑이 아니다. 평소에 중요하지만 긴급하지 않은 일에 시간을 많이 쓰면서 미래를 준비할 수 있어야 여유로운 삶을 살 수 있을 것이다.

무형자산

:
:
:

자녀들에게 물려주고 싶은 자산은 꼭 유형자산만이 아니다. 자녀 스스로 무슨 일이든지 해결해 낼 수 있는 정신을 물려주고 싶은 것이 부모의 마음이다.

그중에 스스로의 부정적 감정을 통제하고 긍정적 감정과 건강한 도전의식을 통해 고정관념으로 한계를 짓지 않는 '감정조절력', 다른 사람의 심리나 감정 상태를 잘 읽어내고, 자기 자신이 다른 사람과 연결되어 있다는 걸 알고 타인과의 관계 속에서 자신을 이해하는 능력인 '공감능력', 지금의 상황을 내가 원하는 방향으로 이끌 수 있다는 자신감과 평소 자신의 강점을 집중하고 긍정적 정서 향상 훈련을 쌓을 수 있는 '긍정성'은, 자녀에게 꼭 물려주고 싶은 무형자산일 것이다. 삶을 살아가면서 인생의 어떤 역경도 이겨낼 수 있는 잠재적 힘은 바로 '감정조절능력'과, '공감능력', '긍정성'이다. 부모로서 자녀에게 물려줄 가장 위대한 유산은 쓰면 없어지는 경제적 유산이 아니라, 쓸수록 자라나는 정신적 유산이다. 어려서부터 잘 다져진 정신적 내공은 어떤 어려움도 이겨낼 수 있는 '회복탄력성'을 키워준다.

아무리 힘든 일이라도 이겨낼 수 있는 능력. '회복탄력성'이야말로 자녀에게 꼭 물려줘야 할 무형유산이다.

말하는 것과 듣는 것

:

    말은 절제하기 어려우며 내 의도와는 다르게 전달되기 쉬우며, 말에 품위를 잃게 되기 쉬우며, 상대를 아프게 하거나 상하게 하기 쉬우며, 자기 말에 자기가 갇히기 쉽다. 그래서 말을 사용할 때는 잘 정돈해서 써야 하며, 잘 골라서 써야 한다. 남을 비방하는 말, 비난하는 말, 사사건 건 지적하는 말, 서로 이간질시키는 말, 야유하는 말, 시기하고 질투하는 말, 악담하는 말, 지나친 자랑이나 지나친 농담, 변명하거나 거짓으로 말하는 것들은 칼날의 독과 같아서 자신도 모르게 많은 사람을 상하게 한다. 말하는 것과 마찬가지로 듣는 것도 잘 정돈되고 잘 다스려져야 한다. 조용히 성의 있게 들으며, 도중에 가로막지 않으며, 뜻을 새겨들으며, 내 의도와 다르다 하더라도 끝까지 들어주는 태도가 중요하다.

    경청이 중요하다는 것을 알면서도 남의 말을 잘 듣는다는 것은 그리 쉬운 일은 아니다. 다른 사람을 설득하는 것은 잘 듣는 것에서부터 이루어진다. 소통을 잘하기 위해서는 말을 하는 것과 듣는 것이 조화를 잘 이루어야 한다.

지혜로운 삶

.
.
.

　모든 일에 초연하면서 자신의 한계를 솔직하게 인정하는 태도를 갖고 있으면 상대의 신뢰를 얻게 된다. 나이가 든다고 저절로 지혜로워지는 것은 아니다. 나이가 들면 어리석은 자존심에 빠지고, 쉽게 발끈하고, 사람들과 어울리지 못하는 성격으로 변하게 되는 경우가 많다. 이러한 한계를 느낄 때 지혜를 얻게 되는 일은 어찌 보면 역설적이다. 결국 사는 법을 배운다는 것은 이렇게 결점을 지닌 채 살아가고 결점도 기꺼이 받아들인다는 의미일지도 모른다. 나이가 들어 지혜롭게 산다는 것은, 나이 들어 처세를 잘한다는 것은 자신을 내세우지 않는 겸손함과, 어느 한쪽으로 치우치지 않는 중용지덕으로 물살을 거스르지 않고 살아가는 물고기의 유연함과 같이 살아가는 것이다. 목적을 위해 삶을 희생하는 것이 아니라, 평범해 보이는 우리의 삶 그 자체가 목적이 되도록, 살아가는 것이 지혜로운 삶일 것이다.

실패

실패는 실패자임을 의미하는 것이 아니라 아직 성공하지 못했다는 것을 의미할 뿐이다. 실패는 아무것도 성취하지 못했다는 것을 의미하는 것이 아니라 무엇인가를 새로 배웠다는 것을 의미할 뿐이다. 실패는 인생을 낭비했음을 의미하는 것이 아니라 새 출발할 이유가 있음을 의미하는 것이다. 실패는 결코 할 수 없음을 의미하는 것이 아니라 시야를 더 넓힐 기회를 준 것이다. 우리는 살아가면서 무수한 실패에 부딪히게 된다. 그 많은 실패는 우리에게 좌절을 주기도 하지만, 경험이라는 소중한 자산과 지혜를 쌓게 해준다.

실패를 했다 하더라도 실패의 문만 바라보고 있는 사람에게는 반대편 쪽에 있는 다른 기회의 문이 보이지 않는다. 우리 모두는 어린 아이였을 때 수천 번, 수만 번의 실패를 이겨내고 걸음을 걷게 된 경험을 갖고 있다. 이렇듯 우리의 내면엔 아무리 실패를 해도 거뜬히 이겨낼 만한 의지와 용기와 희망이 가득 담겨 있다. 다만, 이 의지와 용기와 희망은 목표라는 솥에 열정이라는 불을 지피고 시간을 투자할 때 비로소 활활 타오를 수 있을 것이다.

상황대처 능력

. . .

　인생을 살아가면서 우리는 수많은 선택의 기로에 놓이게 된다. 순간 순간이 결단의 시기라고 해도 과언이 아닐 것이다. 하지만 결단을 내리는 데 고민하느라, 그 시기를 놓치게 되는 경우가 흔하게 발생한다. "막 올라타려고 한 배에는 주저하지 말고 올라타 버려라."라는 말이 있다. 일단 올라타려고 결정을 내렸다면 망설일 것 없이 배에 올라타야 한다는 것이다. 일을 선택하는 데 있어서 신중함도 필요하지만 과감한 행동이 요구될 때도 있는 것이다. 이러한 상황 판단을 정확히 하고 빠른 결정을 하는 것도 일종의 능력이다. 결단의 시기를 결정하는 데는 물론 자신의 능력과 경험을 바탕으로 한 판단이 중요하기도 하지만, 결단의 시기를 정확히 포착하는 직관이 무엇보다 더 중요하다. 결단과 실행의 조화를 어떻게 이루어내느냐에 따라 성공할 수도 있고 실패할 수도 있기 때문이다. '배운다는 것은 내가 이미 아는 것을 찾아내는 것이고, 행한다는 것은 내가 알고 있음을 증명하는 것'이라는 말처럼, 정확하고 빠른 선택이야말로 중요한 기회를 놓치지 않는 상황대처 능력이다.

고난

:
:
:

'지난달에는 무슨 걱정을 했었지? 작년에는? 그것 봐라. 기억조차 못하고 있잖니. 그러니까 오늘 네가 걱정하고 있는 것도 별로 걱정할 일이 아닌 거야. 잊어버려라. 그리고 내일을 향해 달리는 거야.' 파산 직전의 크라이슬러를 기사회생시켰던 전설적인 경영의 귀재, 리 아이아코카의 아버지가 어린 아이아코카에게 늘 해준 이야기라고 한다. 이 이야기 덕분일까? 아이아코카는 그 어떤 상황에서도 절망하지 않고 앞으로 나아간 리더였다. 아이아코카가 주는 메시지. "피하지 마라 고난을, 그것은 당신에게 내린 신의 선물이니까." 고난을 겪는다는 건 누구나 다 싫어할 일이지만, 지나고 보니, 고난 덕분에 새로운 일을 만날 수 있었고 새로운 사람을 만날 수 있어서 삶이 풍성해졌던 것 같다. 오늘 닥친 고난은 내일의 삶을 바꾸는 데 중요한 계기가 된다는 생각을 하면, 어떤 일이 닥쳐도 꿋꿋이 이겨나갈 수 있을 것이다.

삶의 나이테

나이가 벼슬이라는 말이 있다. 나이로 세상의 잣대를 재고, 나이 먹은 것만으로 자신의 생각이 다 옳다고 생각하기 때문에 그런 말이 있는 것 같다. 하지만 나이로 벼슬을 살던 시대는 지났다. 젊은 사람한테도 모르는 것은 배워야 하고, 자신만이 옳다고 생각하는 아집과 편견도 버려야만 더불어 살아갈 수 있다. 지하철에서 옆에 앉은 60대 초반쯤 되어 보이는 여자분이 자기 어깨에 닿았다고 옆 사람에게 욕을 있는 대로 내뱉는 것을 들었다. 어느 누구도 낯선 다른 사람과 몸이 닿는 걸 좋아하는 사람은 없을 것이다. 어쩔 수 없는 상황이니까 닿게 되고, 상대방도 나와 같은 입장이라는 것을 이해하니까 견디는 것뿐이다. 그런 상황 하나 이해 못 하고 배려 못 한다면 다른 사람과 더불어 살기가 힘들어진다.

나이는 벼슬이 아니라 연륜이다. 연륜은 다양한 경험을 통해 다른 사람을 수용하고 다른 사람을 신뢰하며, 서로 다름을 인정할 수 있을 때 생기는 삶의 나이테이다.

· · · · ·

5

마음이
명약

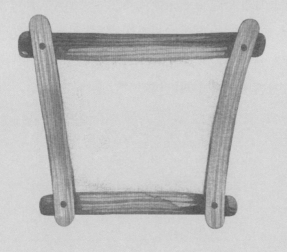

믿음이란

.
.
.

믿는다는 것은 기꺼이 다음 단계를 향해 나아갈 수 있다는 것을 의미하는 것이다. 어떤 행위를 통해 미지의 세계 속으로 들어가 다음 순간에 다가올 것이 무엇이든 기꺼이 받아들이게 해주는 것이 바로 믿음이다. 믿음이란, 몸과 마음과, 혼을 움직이는 에너지다. 그 어떤 장애물도 극복하게 하는 힘이다. 신이 인간을 만들 때는 무엇이든 선택하고 그 선택을 책임질 수 있는 능력도 함께 주셨다. 다만 그 능력은 믿음이 함께할 때 발휘할 수 있다.

믿음이 없을 때는 장애물로 여겨지던 것도 믿음이 있으면 디딤돌로 바뀌게 된다. 내가 나를 믿지 못하면 그 어느 누구도 나를 믿어주지 않는다. 나에 대한 믿음이 있어야 미지의 세계를 향해 힘차게 나아갈 수 있는 것이다. 나를 믿고 어떤 일이든지 해낼 수 있다는 의지를 담아 한 발 한 발 희망을 향해 걸어가야 한다.

자신의 어깨에 짊어진 짐의 무게

·
·
·

어느 누구도 각자 자신의 어깨에 짊어진 삶의 무게를 다른 사람이 알수가 없다. 하지만, 그 삶의 무게는 스스로의 마음가짐에 따라 무겁게 느껴질 수도 가볍게 느껴질 수도 있다. 누군가의 말 한마디, 글 한 자락만으로도 무거운 삶의 무게는 얼마든지 가벼워질 수 있는 것이다.

프레임의 크기

· · ·

자신의 좁은 시각에 갇히고, 자신의 얄팍한 지식과 재주에 빠진 사람은 다른 사람은 눈에 보이지 않는다. 자기 자신에게 빠진 사람은 결국 그것이 자신의 발목을 잡아 더 이상 앞으로 나아갈 수 없게 만든다.

내 프레임의 크기는 얼마나 클까?
산 위를 올라가기 전에는 내 주변밖에 보지 못하지만,
산 정상에 오르면 멀리 나 있는 길까지 볼 수 있다.
내 프레임의 크기를 키우려면, 제대로 된 지식을 쌓아야 한다.
지식은 남들이 모르는 것을 아는 것이며, 남들이 보지 못하는 것을 보는 것이며, 남들이 생각하지 못하는 것을 생각하는 것이다.
지식은 곧 Insight(안을 볼 수 있는 능력)와 Foresight(미래를 볼 수 있는 능력)이다.

나에게 상처를 준 사람, 나를 배신한 사람, 나를 잘못된 길로 이끈 사람들에 대한 분노로 인한 나쁜 에너지들, 부정적인 에너지는 나를 내리누르고, 좋은 에너지가 들어오는 것을 막는다. 하지만 죄를 짓지 않는 것만큼이나 어려운 것은 용서하는 일이다. 우리 모두는 경험을 통하여 용서한다는 것이 얼마나 어려운 일인지 알고 있다. 용서 못 한다는 것은 내 마음이 오그라질 대로 오그라져, 뭐 하나 들어설 자리가 없다는 것을 의미한다.

달마대사는 "마음, 마음, 마음이여, 참으로 알 수 없구나. 너그러울 때는 온 세상을 다 받아들이다가도 한번 옹졸해지면 바늘 하나 꽂을 자리가 없으니."라고 한탄을 했다고 한다. 용서는 화해의 지름길이다. 상대방을 살려주는 길이다. 아니다. 결국은 나를 살려내는 최고의 영약이다. 용서하는 순간, 마음의 병은 조용히 사라진다. 용서하고 나면, 마음은 평화로워지고 사랑으로 가득 차며 기쁨이 찾아온다. 누구를 미워하는 부정적인 에너지가 가득 차 있으면 결코 긍정적 에너지를 채울 자리가 없다. 그를 용서했다고 해서 내 인생에 다시 그를 들여놓아야 하는 건 결코 아니다. 다만, 내 의식으로부터 놓아주는 것뿐이다.

'화병'은 용서하지 못함으로써 생긴, 내가 나에게 주는 벌이다. 그 화병을 치유할 수 있는 처방전은 다른 사람이 아닌 바로 나에게 있다. 내 마음자리에 무단거주를 했던, '억울함'과 '미움'과 '증오'를 흘러가는 강물에, 지나간 시간에 보내버리자. 그리고 내 허락 없이는 절대로 내 마음에 무단 거주하지 않도록 하자.

마음은 그냥 거기에 있는 것이다

.
.
.

우리는 어떤 일이 생기면 그 일을 가장 효율적으로 해결하기 위해 잽싸게 두뇌를 회전시킨다. 손해 보는 일은 하고 싶지 않은 마음이 우선이기 때문일 것이다. 하지만, 아주 가끔씩은, 머리가 시키는 대로 손해와 이익을 재어 보고 어느 것이 더 나은지 견주어 보지 말고, 그냥 그 순간 가슴이 느끼는 대로 해보는 것은 어떨까? 가슴이 시켜서 손해를 보았다면 누군가에게는 이익이 되었다는 것이다. "마음이란 사용하는 것이 아니다. 마음이란 그냥 거기에 있는 것이다. 마음은 바람과도 같아서 그 움직임을 느끼는 것만으로도 좋은 것이다." 무라카미 하루키의 『한없이 슬프고 외로운 영혼에게』 중에 있는 말이다. 가끔은 따뜻한 내 마음이 시키는 대로 행동하는 날을 가져보는 것도 좋을 것이다.

95 대 5

⋮

　자신을 좋아하는 사람과 자신을 싫어하는 사람의 비율이 95 대 5 정도인데도 우리는 5를 생각하는 데 95를 사용한다고 한다. 이런 구조 속에 살면 늘 우울하고 슬프고 괴롭고 짜증이 나게 마련이다.

　염려하지 말라는 말의 의미가 바로 5를 위해 95를 쓰지 말라는 거 아닐까? 누군가로 인해 스트레스를 받지만, 사실 그 비율을 볼 때 내 삶에 미치는 영향은 극히 미미하다. 인생은 짧다. 자신을 좋아하는 사람만 만나고 좋은 사람만 생각하며 기분 좋게 살기에도 시간이 부족한데, 자신을 싫어하는 사람을 생각하는 데 많은 시간을 할애할 필요는 없을 것이다. 모든 사람이 나를 좋아하지도 않고, 좋아하길 바랄 필요도 없다. 나 역시 모든 사람을 좋아하지 않으니, 그저 상대방의 생각까지 미루어 짐작해서 마음 상할 필요가 없는 것이다. 쓸데없는 곳에 감정 낭비를 하는 것은 바로 스스로 자기 자신을 주저앉히는 물귀신과 같다.

행복지수를 높이기 위해서는

혼자 사는 세상이 아니다 보니, 늘 평상심을 이루고 사는 일이 그리 녹록하지만은 않다. 하지만 파괴적인 분노의 에너지를 사랑의 에너지로 만들고, 화합의 에너지로 만드는 일, 배려해주고 존중해주는 에너지를 만드는 일은 스스로의 행복지수를 높이는 일이다. 심리학에서는 행복하기 위한 조건 중 가장 중요한 것은 어디에도 누구에게도 구속받지 않는 '자유'와 어떤 일을 남들보다 잘하는 능력이 있다고 느끼는 '유능감'과 누구와도 잘 지낼 수 있는 '관계'라고 한다. 어디에 매인다는 것은 그로부터 뭔가 얻고자 할 때일 것이다. 욕심을 버리면, 언제든지 자유로운 영혼으로 살아갈 수 있을 것이다.

후회를 쌓지 않는 삶

가만히 한 해를 되돌아보면, 그때 참았더라면, 그때 잘 했더라면, 그때 알았더라면, 그때 조심했더라면 하는 후회가 쌓인다. 훗날엔 지금이 바로 그때가 되는데 지금은 아무렇게나 보내면서 자꾸 그때만을 찾게 되는 것 같다. 하루하루가 냇물처럼 빠르게 흐르는 세월 속에 나에게, 내 가족에게, 친구들에게, 지인들에게, 지금 좋은 추억과 감동, 보람을 주는 삶이 후회를 쌓지 않고 사는 삶일 것이다.

스스로 하는 심리치료

．
．
．

누구나 육체적으로나 정신적으로 매우 괴로운 아픔을 간직하며 살게 된다. 크든 작든 그 깊이의 차이는 있겠지만 아픔 없이 살아가는 사람은 없다.

NLP 즉, 심리언어 프로그래밍은 아픔을 그림으로 표현해 스스로 풀어가는 방법을 제시한다.

1. 깨진 항아리: 조각난 나의 마음을 그림으로 표현해 봅니다.
2. 아물지 못해 피가 나고 있는 상처: 곰돌이의 마음에 금이 가 있습니다. 피가 많이 흐르고 있네요. 잊으려고 해도 잊히지 않는 아픔을 그려봅니다.
3. 작은 상처: 손가락에 아주 작은 상처에서 피가 흐릅니다. 작은 상처에도 마음이 아픕니다. 당신의 작은 상처를 글이나 그림으로 표현해 봅니다.
4. 무덤: 땅을 깊게 판 그림이 앞에 있습니다. 땅속에 묻고 싶은 것을 그림으로 표현해봅니다.
5. '삭제': 내 마음속에 딜리트 키를 누르고 싶은 것들을 생각해봅니다.
6. 내 마음의 지게에 엄청난 무게의 짐이 실려 있습니다. 당나귀 위에 주체할 수 없는 짐이 실려 있어요. 나의 마음속에는 무거운 짐들이

있습니다. 그 짐을 표현해 보세요.

7. '떠나보내기': 바다에 쪽배가 떠 있습니다. 그 배에 아픔을 실어 먼 바다로 밀어 버리셔요.

8. '태워버리기': 마음속에 태워버리고 싶은 걸 태워버리세요. 소각장이나 성냥의 불꽃 또는 촛불에 태워보세요.

9. '휴지통': 마음속에 휴지통이 있습니다. 당신이 구겨서 또는 갈가리 찢어서 버리고 싶은 것이 있으면 표현해 보세요.

10. '빨아 말리기': 빨랫줄이 있습니다. 어떤 문제를 깨끗이 씻어 버리고 말려볼까요?

11. '잘라버리기': 가위와 색종이가 있습니다. 당신의 문제를 가위로 과감히 그려 잘라보세요.

12. '날려 보내기': 구름이 후~ 하고 바람을 날려 보냅니다. 바람에 날려 보내고 싶은 것을 생각해 봅니다.

내 마음속에 날려버리고 싶은 것을 그리고 날려 보내는 일을 함으로써 스스로 상처받은 마음을 치료할 수 있다. 위의 여러 가지 중에 본인이 원하는 것을 한번 선택해서 시도해보면, 놀랄 만큼 마음이 편안해지는 것을 느끼실 수 있다. 과거의 상처를 굳이 드러낼 필요는 없지만, 그 상처가 지금도 낫지 않은 상태라면, 무엇을 하더라도 행복할 수가 없다. 스스로의 상처의 원인이 무엇 때문인지만 안다면, 치료도 가능하다. 과거의 상처에 대해 심리학자마다 조금씩 다른 견해를 피력하고 있지만, 필자는 현재를 살아가는 데 있어 굳이 과거의 상처로 현재를 불행하게 할 필요가 없다는 '아들러 심리학'을 토대로 코칭을 진행한다. 혹시, 지금도 내 안에 상처로 울고 있는 내면아이가 있다면, 다독거려 주시고 잘 달래서 구름 속으로 후~하고 날려 보내거나, 쪽배에 태워서 먼 바다로 밀어 보내버리자.

고통을 감수할 능력

．
．
．

　결정을 가장 잘 하는 사람들은 자기들의 결정에 따르는 고통을 기꺼이 감수할 용의를 가진 사람들이다. 얼마나 고통을 감수할 능력이 있느냐에 따라 성공과 실패가 갈린다. 하지만 고통을 감수하는 능력보다 더 큰 것은 고통을 이겨내는 능력이고, 고통을 이겨내는 능력보다, 더 큰 능력은 큰 고통에서 기쁨을 찾아내는 능력이며, 정말 위대한 능력은 그 고통 너머에 있는 행복을 내다볼 수 있는 능력이다. 고통을 행복을 위한 디딤돌이라 생각할 수 있는 능력을 가진 사람은 행복할 자격이 있는 사람들이다. 일상에서 답답하고 어려운 일이 있을 때, 이 또한 내 인생에 있어 감내해야 할 필요성이 있는 일이라 생각하면 놀랍게도 마음이 가벼워진다. 상황은 달라진 게 없는데, 이렇게 마음이 가벼워지기도 하는 것을 보면, 세상사 마음먹기에 달렸다는 말이 맞는 것 같다.

나를 빛나 보이게 하는 자신감

:
:

　다른 사람에게 멋져 보이려고 노력하는 것보다 자신의 눈에 만족스런 나를 찾는 데 시간을 쓰는 것이 훨씬 가치가 있다. 나를 실질적으로 조율할 수 있는 부분이기도 하고, 가장 소중한 일이기도 하다. 내가 나에게 만족하지 못하는데, 다른 사람이 나에게 만족할 리 없다. 내가 나 스스로에게 먼저 당당함과 자신감을 갖고, 내재된 내 능력을 믿고 자신 있게 걸어가면, 못 이룰 것이 없다. 단체사진을 찍었을 때 제일 먼저 찾는 얼굴은 바로 내 얼굴이다. 그것은 바로 내가 나를 가장 소중하게 생각한다는 의미기도 하다. 가장 소중하게 생각하는 나를 당당하게 만들어 줄 수 있는 것은 누구에게 손 내밀지 않고 나 스스로 뭐든 할 수 있다는 자신감이다.

나만의 무기

·
·
·

　세상을 살아가는 나의 무기는 무엇일까?

　무기만 좋다고 해서 전쟁에서 무조건 승리하는 것은 아니지만 무기가 너무 형편없이 떨어진다면 전략과 전술도 무용지물이 될 것이다. 내가 세상을 살아가는 무기가 무엇인지 살펴보고 그 무기의 성능들을 점검해 보는 것이 중요하다. 특히, 과거에 있었던 무기에 대한 자만심은 버려야 한다. 그때그때 업그레이드하지 않는다면 바로 녹슬어 고철이 되어버린다. 내가 세상을 살아가는 데 있어 나를 보호해 줄 무기는 무엇인지, 그 무기가 제대로 된 활용가치가 있는 것인지 늘 되돌아보아야 한다.

마음이 명약

．
．
．

　상상으로 병이 걸릴 수도 있고 걸린 병을 치료할 수도 있다. 마음이 곧 명약일 수 있다는 이야기이다. 종양학자이자 방사선과 전문의인 '칼 사이몬튼'은 159명의 말기 암 환자들에게 방사선 치료를 하면서 "암세포를 먹이로 상상하라. 암세포를 잡아먹는 NK세포를 먹성이 좋은 악어로 상상하라. 매일 이 세포가 암세포를 먹어 치우는 상상을 하라. 암 덩어리가 점점 줄어들다 마침내 사라지는 상상을 하라. 의사의 말을 듣고 기분이 날아갈 것 같은 상상을 하라. 집으로 돌아와 가족들에게 이 사실을 알리고 박수 치며 환호하는 상상을 하라. 새롭게 출근하는 상상을 하라."라고 말했다. 참 말도 되지 않는 주문이지만 결과는 놀라웠다. 환자들 중 22.2%는 암이 흔적도 없이 사라졌다고 한다. 마지못해 상상을 한 환자보다 무려 2배나 오래 살았다고 한다. 이런 성공을 위해서는 사진을 갖고 다니는 것도 좋은 방법이다. 꿈꾸는 것을 말하는 것도 중요하다. 글로 옮겨 갖고 다니는 것도 필요하다.

마음의 태도

· · ·

　우리의 몸과 마음은 동일한 체계의 두 부분이다. 몸과 마음은 서로 영향을 주고받는다. 마음이 행복하면 외모와 목소리와 언어도 행복하다. 공중으로 솟구치고 손뼉을 치면서 비참해지려고 해보거나, 의자에 축 늘어져 앉아 머리를 떨군 채 행복해지려고 할 때, 마음대로 되지 않는 것을 느낄 수 있다. 화를 내면서, 큰 소리를 치면서 불평불만을 토로하면서 마음이 평안하기가 어렵다는 것을 경험을 통해 알 수 있었을 것이다. 이런 여러 가지 경험을 미루어 보더라도 태도가 마음을 지배한다는 것을 알 수 있다. 태도가 마음을 조절하고, 마음이 몸짓언어로 말을 하는 것이다.

　태도는 생각, 말투, 말의 질과 분위기를 결정하는 것이다. 그래서 우리는 상대방의 말투만 들어도 상대방이 나에게 호감이 있는지 없는지를 직감할 수 있는 것이다. 우리가 고려할 수 있는 태도는 단 두 가지이다. '유익한 태도'와 '무익한 태도'다. 또한 이러한 태도를 통해서 자신이 원하는 것이 무엇인지 아는 사람들은 그것을 얻을 확률이 높다. 운동 시합할 때 파이팅을 자주 하는 이유이기도 하다.

슬럼프에 빠졌다는 것은

.
.
.

우리는 과거의 행동과 사고에서 벗어나지 못하고 같은 사고, 같은 행동을 하면서 '내일은 달라지겠지.'라는 기대감으로 하루를 보내게 된다. 하지만, 나의 깊은 곳에 자리 잡고 있는 익숙함과 게으름과 두려움을 집어던지지 않는 한, 절대로 변화를 이루어 낼 수는 없다. 시인 '폴 발레리'는 "당신이 생각하는 대로 살지 않으면 머지않아 사는 대로 생각하게 된다."라 했다. 일상의 생각이 삶의 방향을 결정하며, 삶의 의미와 열정은 스스로 찾아내야 하는 것이다. 사는 대로 생각하게 될까 봐 전전긍긍하면서도 '어떻게 되겠지.'라는 막연한 기대감에 인생을 맡겨버리는 일은 없어야 한다.

영업조직 관리자로 일하면서 자주 들었던 말이, 바로 슬럼프에 빠졌다는 것이었다. 그전하고 똑같이 일하는데 일의 성과가 안 나오고 성과가 안 나오니, 슬럼프에 빠져서 좀 쉬어야겠다고 말한다. 슬럼프에 빠졌다는 것은 게을러졌다는 것을 의미한다. 주변 환경은 변하고 있는데, 그전에 하던 대로 익숙함과, 게으름에 익숙해져 있으니, 당연히 슬럼프에 빠질 수밖에 없는 것이다. 부지런한 사람에게는 슬럼프가 절대로 손을 내밀지 못한다. 늘 새로운 것을 받아들이며, 어떻게 하면 오늘보다 더 나은 내일을 만들지에 대해 고민하는 사람에게는 슬럼프가 자리 잡을 틈이 없다.

의지와 게으름

:
:
:

우리의 가슴속에선 늘 두 친구가 싸우고 있다. 한 친구의 이름은 '의지'고, 다른 친구는 '게으름'이다. 두 친구는 항상 싸우면서 어떻게 하든 자신 쪽으로 끌어들이려고 한다. 의지는 모든 것을 이겨낼 수 있는 힘이 있다. 의지는 어렵고 힘든 순간일수록 더욱 큰 힘을 발휘한다. 대신 의지는 우리에게 약간의 인내심과 노력과 힘겨움을 요구한다. 사람들이 의지와 친해지기를 꺼리는 것도 이 때문이다. 하지만 의지는 보약과 같은 존재다. 당장은 쓰지만 먼 훗날 나의 인생을 건강하게 만들어 주는 보약, 의지와 노력이 삶의 동반자가 된다면 그것으로 인해 우리의 인생은 최상의 결과를 낳게 될 것이다.

화를 다스리는 법

．
．
．

　내가 누군가에게 몹시 화가 났을 때는 화가 나지 않은 척해서도 안 되고, 고통스럽지 않은 척해서도 안 된다. 그런 마음을 오래 담고 있으면, 자신을 괴로움의 홍수에 빠지게 한다. 코칭상담을 의뢰했던 직장인은 부서 이동을 하면서 자신의 후임으로 온 선배가, 어떤 업무를 하던지 전임자 탓을 해서 괴로워서 업무 효율도 오르지 않고 직장에 가기도 싫어서 이직도 고민하고 있다는 고민을 털어놨다. 직장생활을 하는 데 가장 큰 걸림돌은 동료 간, 상사와의 관계라는 것을 여러 통계를 보아도 알 수 있다. 관계를 잘 이어 나가는 일 정말 지혜롭게 처세를 해야 한다.

　화가 났을 때에는 내가 지금 화가 났으며 그래서 몹시 고통스러워하고 있다는 사실을 이야기해 주어야 한다. 그러나 흥분된 상태에서의 대화는 아무에게도 도움이 되지 않는다. 화가 나는 것, 그만한 이유가 있다. 화를 내는 것, 어쩔 수 없을 때가 많다. 문제는 그 다음이다. 화를 다스리고 푸는 것이다. 화를 다스릴 줄 모르면, 자칫 돌이킬 수 없는 재앙禍으로 돌아올 수도 있다. 화를 참으면 냉동 만두 먹다 죽은 윤 일병처럼 개죽음당하고, 못 참으면 임 병장처럼 애꿎은 사람에게 무차별 화풀이를 하게 된다고 인성강의를 할 때 강조를 한다. 당사자한테 하지 못하면, 믿을 만한 사람이나 전문가에게 억울한 마음이나, 어렵고 힘든 관계에 대해 마음껏 털어놓는 것이 정신건강에도 좋고 문제 해결에 도움 된다.

낙관주의와 비관주의

.
.
.

　낙관주의와 비관주의를 연구하던 학자들이 기대감에 관련하여 아주 흥미로운 사실들을 발견했다고 한다. 낙관주의자들은 상황이 좋게 흘러가기를 바라는 소극적인 자세가 아니라 긍정적인 결과를 얻을 거라는 확고한 믿음을 갖고 기대하고, 비관주의자들은 어떤 위기상황에서든 부정적인 결과를 예상한다고 한다. 주변에서 보면 부정적인 생각으로 늘 비관적인 판단을 하는 사람들은 늘 부정적인 결과를 초래하는 것을 볼 수 있다. 그러다 보면 자신의 판단이 옳았다는 생각을 하게 되고, 부정적인 생각의 악순환이 이루어지는 것이다. 낙관적인 사람은 일이 잘 되어질 수 있는 방법을 연구하고 최선을 다하게 되지만, 비관주의는 매사 잘 안 될 거라고 단정을 짓기에 무엇을 해보려는 생각과 의지가 없는 것이 큰 문제이다. 특정한 사고방식으로 인한 감정을 결정짓는 자세는 우리의 삶에 있어 매우 중요하다.

　'신경과학'에서는 그런 사고방식은 학습을 통해 변화시킬 수 있다고 말하고 있다. 우리는 일부 비관적인 사람들이 믿고 있는 것처럼 인생이라는 게임에 결코 무기력하지 않다. 마음은 능숙하게 이미지를 창조하고 시각적으로 형상화하는 기능을 갖고 있다. '왜곡된 사고' 역시 순전히 이미지와 결합된 상상이다. 그만큼 상상력은 강력한 삶의 무기이다. 모든 것은 생각 하나로 시작되는 것이기에 바람직한 방식으로 상상력을 사용할 수 있다면, 우리의 삶은 모든 부분에서 성공할 수 있을 것이다. 많은 '동기부여가'들이 결과를 시각적으로 형상화시키고 정신적 여행을 하라고 하는 것은 '목표'와 '꿈'을 성취하는 강력한 방법이기 때문이다. 시각적 형상화가 강력하고 효과적인 이유는 시각적 형상화를 통해 실제로 겪지 않은 현실에 대한 '뉴런통로'를 창조하고 강화시킬 수 있기 때문이라고 한다. '신경과학'은 우리의 생각이 뇌의 구조와 생화학을 변화시킨다는 사실을 검증하고 있다.

내 삶을 알차게 살기 위한 비결

.
.
.

알찬 인생을 사는 성공한 사람들 역시 다른 사람들과 마찬가지로 좌절과 장애물, 두려움 등에 직면한다. 다만 차이가 있다면, 두려움에 대처하는 방법이다. 그들은 밀려드는 두려움과 걱정을 외면하지 않고 용기를 내어 정복한다. 결국 용기란 두려워하면서도 어쨌든 그 일을 하는 것이다. 대신 두려움을 극복하지 못하는 사람은 스스로를 합리화한다. 핑계를 대며 부정적인 합리화를 하는 순간 그 핑계가 정당한가에 대해 생각한다. 그러고는 그것을 자기 자신에 대한 방어수단으로 이용한다. 마음속의 이런 과정은 아주 급속히 일어난다. 이런 일이 반복되다 보면, 자멸적인 습관이 들게 마련이다. 어떤 일에 대해 변명을 하고 핑계를 대기보다, 과감히 부딪혀서 이겨내고 극복하는 용기는 내 삶을 알차게 성공하며 살 수 있는 비결이다.

못생긴 나무가 산을 지킨다

:
:
:

사막을 건너는 것은 용맹한 사자가 아니라 못생긴 낙타고 산을 지키는 것은 잘난 재목을 자랑하는 나무가 아니라, 못생긴 나무다. 우리의 식탁을 가득 채우는 것은 큰 고래가 아니라 작은 생선이다. 우리네 삶도 가만히 돌아다보면, 잘난 사람만 세상에 필요한 존재는 아니다. 기와집을 짓기 위해서는 대들보와 기둥으로 쓰기 위해 굵은 나무도 필요하지만, 창틀과 서까래로 쓰기 위한 작은 나무도 필요하다. 코칭을 상담하면서 또는 강의를 할 때 '도형 심리검사'를 진행한다. 지금까지 몇천 명이 넘는 사람을 검사해 보았지만, 경우의 수가 4개인데도 똑같이 그리는 사람이 아무도 없었다. 하물며 수백 가지 수천 가지의 다른 점을 갖고 있는 사람을 누구와 비교하고 평가한다는 것 자체가 불합리한 것이다. 모든 만물은 서로 달라도 각자 존재의 가치가 있어 누군가의 삶에 꼭 필요한 존재가 될 수 있다. 나는 맞고 상대방은 틀린 것이 아니라, 서로의 강점이 다르고 장점이 다르고, 기질이 다르고 행동 유형이 다를 뿐인 것이다.

긍정적 기대감

· · ·

    삶에 있어 좋은 일이 생길 것이라는 믿음을 갖는 것만큼 희망적인 일은 없는 것 같다. 좋은 일이 생길 것 같은 믿음을 갖게 되면, 어떤 상황에서든 잠재적 가능성을 찾아낼 수 있으며, 위기 속에서도 기회를 찾을 수 있다. 좋은 일이 생길 것이라는 믿음은 내 앞에 놓인 장애물을 무너뜨리기도 하고 그 장애물을 디딤돌 삼아 다시 일어서게 한다. 하느님께서는 한쪽 문을 닫으면 한쪽 문을 열어두신다는 믿음을 갖고 있으면 닫힌 문을 바라보며 원망하기보다는 열린 문을 찾게 될 것이다. 아무리 어려운 환경에서도, 희망과 용기와 기쁨을 가지고 있으면 반드시 새로운 길은 열리기 마련이다.

내 삶의 목적

•
•
•

    인간이라는 동물은 재미나 즐거움을 느끼지 못하면 똑같은 일을 똑같이 하더라도 몸이나 마음에 구멍이 뚫리게 된다. 그렇게 재미도 없는 목표를 순식간에 너무나 재미있게 만들어주는 것이 바로 목적이라는 '마법의 지팡이'다. 목적이란 '아무 재미도 없는 세상을 재미있게' 만드는 것이다. 세상에는 뭔가 재미있는 일이 없나 하고 기대하는 사람도 있지만, 솔직히 세상은 아무 재미도 없다. 재미있어야 할 연애조차 2~3년만 지나면 싫증이 나고 재미없어지니, 일이 재미있을 리가 없다. 그러나 목적이 있다면 아무 재미도 없는 세상을 재미있게 살 수 있다. 내 삶의 목적, 내가 하고자 하는 것에 대한 뚜렷한 목적이 있을 때 아무리 힘들고 어려워도 재미있게 할 수 있는 것이다.

내 삶의 코치

.
.
.

실패했다고 생각될 때, 모든 사람들은 참담한 심정을 느끼고, 자괴감에 빠져 허송세월을 보내게 되고, 바닥을 치고 올라올 기회와 시점을 잃게 된다. 하지만 성공하는 사람들은 그 한 가지 사건을 다른 사건과 연관시키지 않는다. 그들은 앞으로 일어날 또 다른 사건에 대해 자기 자신이 직접 원하는 방향으로 영향력을 발휘하려 하며, 결코 앞서 겪은 실패가 영향력을 미치도록 놔두지 않는다. 실패에서 얻은 경험이라는 피드백을 통해 똑같은 실수나 잘못을 저지르지 않도록 철저히 준비를 해서 꼭 자신이 원하는 바를 이루어낸다. 지금 눈앞에 마주하고 있는 일에 대해 어떠한 태도를 취할 것인지는 오로지 나의 선택에 달려 있다. 내 삶의 코치는, 자신이 주인이 되어 스스로 원하는 것이 무엇인지를 정확히 판단하고, 지금 현재 나의 상황을 정확히 분석한 다음, 내가 갖고 있는 능력을 재점검하여, 강점은 키우고 약점은 보완한다. 또한 흐트러짐 없이 초지일관 올바른 방향으로 일을 주관해서, 과거의 실패가 그 일에 영향을 미치지 못하게 한다. 세상을 살다 보면, 모든 일이 내 맘대로 내 뜻대로 되지는 않는다. 하지만, 내 삶을 어떻게 코치하느냐에 따라 내 삶의 방향은 얼마든지 달라질 수 있을 것이다.

위대한 발견

.
.
.

　우리 세대의 가장 위대한 발견은 스스로 자기 마음을 고치기만 하면 자신의 인생까지도 고칠 수 있다는 것이다. 사람은 슬퍼서 우는 것이 아니라 울음이라는 감정의 홍수에 빠져서 슬퍼지고, 즐거워서 웃는 것이 아니라 웃어서 즐거워진다고 한다. 마음속의 생각이 현재의 나를 만들고, 미래의 모습을 만들고, 기쁨을 만들기도, 슬픔을 만들기도 하는 것이다. 가끔 마음속으로 생각만 했는데, 현실로 나타나는 깜짝 놀라는 상황을 맞닥뜨린 적이 있다. 이것이 바로 '양자물리학'의 작은 입자의 힘이라 생각한다. 꼭 만나고 싶은 사람이나, 꼭 하고 싶은 일에 염원을 담으면 이루어지는 상황을 보면, 늘 생각을 하고 있으면 기회가 만들어지고, 그 기회가 행동을 만들어 내는 것이다. 생각만 한다고 되는 것은 아니고, 내가 행동으로 움직일 때 생각하는 바가 현실로 이루어지는 것이다.

　'바람이 불지 않으면 내가 뛰어야 바람개비가 돈다.' 내 손에 든 바람개비를 돌리려면, 바람의 방향을 잘 잡든가, 내가 뛰든가 둘 중에 하나를 선택해야 한다. 아무것도 하지 않는데 이루어지는 것은 하나도 없다. 생각하는 바대로 이루어지는 것은 결국 내 생각의 입자가 내 생각대로 상황을 만들어 준다는 것을 인지하고 그 생각에 몰입하는 것이다.

마음먹은 대로

:
:
:

우리는 인간만이 만물 독보적인 지능을 가진 것으로 알고 있지만, 그 건 지능을 누구의 어떤 잣대로 정의하느냐의 문제다. 해마다 수천 킬로를 날아 정확히 목적지에 도착하는 철새, 바닷속에서 수천 킬로를 오가는 물고기나 거북이, 지도도 보지 않고 수백 킬로나 떨어진 가족을 찾아가는 코끼리에게 인간의 지능을 물어보면 지도 없이는 십 리 밖도 못 가는 저능이라고 할런지도 모른다. 몸이 두뇌보다 더 똑똑하다. 인공감미료를 들고 있는 사람보다 천연비타민C를 들고 있는 사람의 근력이 더 강함을 나타낸다. 심장에게 10초 동안만 멈추라고 해도 죽지 않도록 멈추지 않는다. 고도의 지능을 가진 미립자로 이루어져 있기 때문이다.

두뇌가 없으면 지능도 없다는 생각은 착각이다. 양자물리학은 모든 피조물은 고도의 지능을 가진 미립자들로 만들어졌으며 사람의 속마음을 척척 읽어낸다는 사실을 밝혀냈다. 요술 같은 지능을 가진 미립자를 창조하는 것은 의식적이며 고도로 지능적인 마음이다. 아인슈타인도 우주에는 인간의 상상을 초월하는 거대한 마음이 있다고 했다. 그러나 어떤 일이 우리가 생각하는 대로 흔하게 일어나지 않는 것은 대부분 그 무한한 가능성을 제대로 이해하거나 바라보지 못하기 때문이다.

예수는 천국이 모든 곳에 있지만 사람들이 그걸 보지 못한다고 했고 석가모니도 생명이 있는 모든 중생에게는 깨달을 수 있는 불성이 있다고 했다一切衆生 皆有佛性. 마음먹은 대로 이루어진다는 끌어당김의 법칙을 '양자물리학'으로 풀어놓은 『왓칭』에 나오는 내용들이다. '양자물리학' 은 왜 긍정적인 생각을 해야 하는지를 깨닫게 해준다. 미립자로 이루어진 '양자물리학', '관찰자의 모습'은 시사하는 바가 많다. '미립자'는 눈에 안 보이는 물결로 우주에 존재하다가 내가 어떤 의도를 품고 바라보는 바로 그 순간 돌연 눈에 보이는 현실로 모습을 드러내는 것이라 한다. 이러한 '관찰자 효과'를 울프 박사는 '신이 부리는 요술'이라 부르고 미립자들로 가득한 우주 공간을 '신의 마음'이라 불렀다.

내가 마음먹은 대로 이루어진다는 말이 과학적으로 증명할 수 있는 부분이 바로 '양자물리학'이다. 내가 어떤 의도를 품고 바라보는 바로 그 순간 돌연 눈에 보이는 현실로 모습을 드러내는 것이다. 무언가를 먹을 때도 그 먹는 것이 내 몸을 건강하게 만들면서 불필요한 체지방은 빠질 거라는 생각을 갖는다면 분명 그렇게 이루어진다고 한다. '관찰자'의 효과를 이용하면 무엇이든 원하는 것을 이루어낼 수 있을 것이다.

자기 확인 과정

. . .

　인디언들은 아이들을 키울 때 자주 평원이나 삼림 속에 나가 홀로 있는 시간을 갖도록 배려한다고 한다. 한두 시간이나 하루 이틀이 아니라, 적어도 열흘씩 인디언들은 최소한의 먹을 것을 가지고 사람들과 멀리 떨어진 장소로 가서 자신의 목소리에 귀를 기울이게 만드는 것이다. 우리가 생각했을 때 그것을 쓸데없는 시간 낭비라고 할지도 모르지만 그것은 한 인간이 대지 위에서 살아가는 데 반드시 필요한 자기 확인 과정이다. 4차원의 세계에서 3차원의 자신을 내려다볼 수 있고, 들여다볼 수 있는 능력을 키울 수 있다면, 자신의 삶의 시간을 결코 헛되이 보내지 않을 것이다.

　오랫동안 물을 마시지 못하면 입술이 하얗게 되고 걸음을 제대로 걷지 못하듯이, 오랫동안 자기 자신과 만나는 시간을 갖지 못하면 그 영혼은 중심을 잃고 헤매게 된다. 가끔은 아무한테도, 아무것으로도 방해 받지 않는 오로지 나를 위한 나만의 시간을 가져보는 자기 확인 과정은 삶에 있어 꼭 필요한 부분이다.

．
．
．
．

6

내 안의
멘토

기다림

.
.
.

나이가 제법 들어가면서 매일의 생활 속에서 인정하게 되는 것이 있는데, 그것은 기다림이다. 원하는 것을 얻기 위해서 노력보다 더 필요한 건 어쩌면 기다림이라는 것, 세상에는 절실하게 바란다 해도 이루어질 수 없는 것이 있다는 것도 기다림을 통해서 알았다. 한때는 기다림에 끝이 있는 줄 생각했다. 그런데 기다림이라는 건 하나가 지나가면 또 하나가 온다. 그전에는 누군가와 약속을 해서 약속시간을 어기면 내 시간이 아깝고, 기다리는 시간이 지루해 짜증이 났는데, 지금은 누군가를 기다리면서 오히려 여유와 기대를 갖게 된다는 걸 느끼곤 한다. 좋은 상상을 하면서 기다리는 시간이 '잠깐 멈춤'이나 '쉼'이라는 표지판이 되어 주기도 한다. 차가 막힐 때도 차 안에서 보내는 시간이 그전에는 짜증 일색이었는데, 오로지 나 혼자만의 시간을 즐길 수 있고 누구에게 방해받지 않으면서 음악 감상을 할 수 있어, 그 또한 좋은 시간이라 생각을 바꾸니 기다림의 짜증에서 벗어나 마음이 편안해짐을 느낄 수 있었다. 상황을 바꿀 수 없다면, 마음을 바꾸는 것이 현명하다.

생각과 몸의 관계

·
·
·

미국의 한 의학연구소에서 '생각과 몸의 관계'를 밝히기 위해 다음과 같은 실험을 했다. 이미 사형이 확정된 죄수들이 거액을 받고 이 실험의 대상이 되었다. 그들에게 사람 몸에서 피가 얼마나 빠져나가면 의식을 잃고 심장이 멈추는지를 알려고 한다고 거짓말을 했다. 그들은 사형수 3명을 수술대에 눕혀놓고 감쪽같이 속였다. 동맥을 자르는 듯한 촉감, 피 떨어지는 소리로 위장한 효과음, "심장을 더 눌러." 하는 지시와 간호사의 동작 등등 모든 것들이 조작이었다. 수술 후 실제로는 피 한 방울 흘리지 않았지만 세 사람 모두 죽었다. 그들은 단지 이제 곧 죽는다는 두뇌의 생각만으로 저 세상 사람이 되어 버린 것이다.

이 실험의 결과로 우리는 두뇌가 지닌 힘이 얼마나 무서운가를 잘 알 수 있다. 우리가 생각하는 두뇌의 변화는 단순한 생각의 변화가 아닌 현실의 변화로 연결된다는 것을 알 수 있다. 이 실험 대상자들이 피 한 방울 흘리지 않았지만 '나는 죽었다'고 믿는 순간 숨이 끊어지고 만 것이다. 즉, 죽음과 밀접하게 연관된 주위 환경이 우리의 두뇌가 결국에는 우리 자신의 육체를 포기하게끔 만들어 버린 것이다. 두뇌의 놀라운 힘이다. 위의 내용이 강의 때 들은 이야기라 '픽션'인지 '논픽션'인지 확인할 수는 없지만, 최면요법이나, 다른 여러 가지 뇌에 관한 연구를 보면, 생각이 우리 뇌에 지대한 영향을 미친다는 사실을 잘 알 수 있다. 즉 '피그말리온' 효과는 정말 대단하다. 만약 '나는 놀라운 변화와 성취를 할 수 있어!' '나는 무엇이든 내가 마음먹은 대로 할 수가 있어.' '나는 내가 원하는 사람이 반드시 되고 말 거야.'라는 굳은 신념을 자신에게 불어넣고 스스로에게 최면을 가하게 된다면 우리의 뇌는 그것을 인식하게 되어 결국에는 그러한 사람이 되게 만들 수 있다는 것이기도 하다.

이와는 반대로 '나는 이제 끝장이야.' '나는 아무것도 할 수 없어.' 내게 남은 것이라곤 이 병든 몸뚱이 하나밖에 없어.'라고 항상 부정적인 생각을 갖게 된다면 결국에는 본인 스스로에게 최면화 되어 그러한 사람이 되게 만드는 것이 바로 우리 뇌의 보이지 않는 힘이다. 어제 TV '세상에 이런 일이' 시청 중 눈의 통증으로 인해 한여름인데도 온몸을 감싸고 눈에 조사기를 쪼이고 밤새 통증 때문에 우는 출연자를 종합검진을 했더니, 놀랍게도 몸에는 아무런 문제가 없다는 진단결과가 나왔다. 정신과 상담 결과, 생각이 만든 통증임을 알 수 있었다.

뇌를 어떻게 활용하느냐는 뇌 주인인 나의 생각에 달려 있다. 긍정적인 생각, 진취적인 생각, 반드시 하고야 마는 신념 지향적인 생각은 뇌가 그것을 인지하여 결국에는 그러한 사람으로 만들어 줄 것이다.

희망의 기적

. . .

    미국의 한 중환자 병동에 아주 심한 화상을 입고 생사의 기로를 헤매는 십 대 초반의 어린 소년이 있었다. 그런데 그날따라 처음 자원 봉사를 나온 대학생 한 명이 멋모르고 중환자 병동에 들어와서(원래 자원 봉사자들은 중환자 병동에는 들어오지 않도록 되어 있었다) 이 소년의 기록을 보고 나이를 확인한 다음, 중학교 2학년 과정에 해당되는 영어 문법의 동사 변화를 가르치기 시작했다. 물론, 소년이 알아듣는지 못 알아듣는지를 확인할 수는 없었지만, 이 순진한 대학생 자원봉사자는 며칠 동안을 열심히 가르쳤다. 그런데 놀라운 일이 일어났다. 의사들이 회복 가능성이 아주 희박하다고 판정을 내렸던 이 소년의 상태가 기적같이 나아지기 시작한 것이었다. 한 주, 두 주가 지나면서 완전히 고비를 넘기고 정상으로 돌아오고 있어 모두 놀랐는데, 다들 이 소년의 회복 원인을 궁금해했다.

    얼굴의 붕대를 풀던 날, 사람들은 소년에게 원인이 뭐냐고 물었는데 소년의 대답이 걸작이었다. "사실은 저도 가망이 없다고 스스로 포기하고 있었는데, 한 대학생 형이 들어와서 다음 학기 영어 시간에 배울 동사 변화를 가르쳐 주기 시작해서 놀랐습니다. 그 형은 '네가 나아서 학교에 돌아가면 이것들을 알아 둬야 공부에 뒤떨어지지 않을 거야.'라고 하더군요. 그때 저는 확신했죠. '아, 의사 선생님들이 내가 나을 수 있다고 판단했나 보다. 그렇지 않고서야, 이렇게 붕대를 칭칭 감고 있는 나에게

195

다음 학기 동사 변화를 가르쳐 줄 리가 없지.' 그때부터 마음이 기쁘고 소망이 생기기 시작했습니다."

우리는 살아가면서 누군가에게 희망이 될 수도 있고, 누군가가 희망이 될 수도 있다. 할 수 있다는 자신감은 방법을 찾게 만들고 할 수 없다는 체념은 핑계를 만들게 된다.

'자신감'과 '자만심'

·
·
·

독수리 한 마리가 높은 바위 위에서 날쌔게 내려와 양을 채 갔다. 이 모습을 지켜보던 까마귀는 독수리가 너무도 부러워서 자기도 한번 흉내 내 보기로 마음먹었다. 까마귀는 높은 나무 위에 올라가서 한가로이 풀을 뜯고 있는 양을 노려보았다. 그리고는 무거운 속력으로 양을 향해 질주했다. 그러나 독수리처럼 멋있게 양을 채기는커녕 긴 양털에 발톱이 감겨 다시 날아오르지도 못하게 됐다. 멀리서 이 광경을 보고 있던 양치기가 단숨에 뛰어와 퍼덕거리고 있는 까마귀를 잡았다. 그리고 까마귀를 아이들에게 선물로 주었다. 아이들은 귀한 까마귀를 어떻게 잡았느냐고 양치기에게 물었다. "글쎄 말이다. 내가 확실히 알고 있는 건 이놈은 까마귀라는 사실뿐이란다. 그런데 이놈은 자기가 독수리라고 생각하고 있더구나."

우리는 스스로에 대해 지나치게 과대평가를 하고 살지는 않는지. 스스로가 갖고 있는 실력을 냉철하게 판단하고 일을 하지 않으면, 자칫 까마귀와 같은 신세가 될 수 있다. 우리나라 국민들이 한 해에 106만 명 정도가 창업하고 73만여 명이 폐업을 한다. 매일 3,000명이 창업을 하고 2,000명이 폐업을 하는 꼴이다. 이렇게 되는 이유가 분명히 있다고 생각한다. 양파 한번 까 본 적 없는 사람이 식당을 창업하고, 봉사활동 한번 해 본 적 없는 사람이 서비스업을 시작하는 경우들이 있다. 창업하려면,

그 업종에서 일을 하면서 경험을 쌓은 후에 시작해야 하는데, 대부분의 창업자들은 아무런 경험 없이 탁상에서 만들어진 숫자만 믿고 일을 시작하는 우를 범하고 만다. 『아웃라이어』에서 말하는 '만 시간의 법칙'은 결국 무엇을 하든 충분히 준비하는 기간이 필요하다는 것을 의미한다. 내 안에 있는 '자신감'과 '자만심'을 자세히 들여다볼 수 있어야겠다.

'기대' '마인드셋' '자기효능감'

∶

책 읽기를 좋아하는 사람은 지식이 풍부한 사람이 되고 말을 잘 가려서 하는 사람은 재치 있는 사람이 되고 글쓰기를 즐거워하는 사람은 정확히 볼 줄 아는 사람이 된다. 나를 가장 행복하게 해줄 수 있는 사람은 오직 나뿐이며 나를 가장 사랑해 줄 수 있는 사람도 오직 나뿐이다. 우리의 삶은 놀랍게도 내가 믿는 대로 살아진다. 자신의 미래의 결과에 대한 믿음을 줄 수 있는 '기대'와 자기 존재에 관한 믿음인 'mindset(사고방식)' 자기 능력에 대한 믿음인 '자기효능감'을 늘 지니고 살아간다면, 내가 어떻게 행동해야 할지, 어떤 사람과 어울려 지내며, 어떤 일을 하고 어떤 일을 하지 않을 것인지를 결정하는 데 많은 도움을 준다. 자신에 대한 '기대'와 '마인드셋', '자기효능감'은 자신의 삶에서 어떤 일을 얼마나 이루면서 살 수 있는지도 결정한다. 모든 심리 치료의 목표는 개인이 자신에 대해 갖고 있는 이미지를 바꾸는 것이다. 즉, 스스로가 자기 이미지를 만들어 가는 것이라 할 수 있다. 결국 우리의 행복과 불행을 결정하는 것은 우리 자신이다. 그리고 그건 바로 우리가 스스로를 어떻게 생각하느냐에 달려 있다.

인간의 정신 법칙

.
.
.

미국의 유명한 성공학 강사 '브라이언 트레이시'는 자연에 법칙이 있 듯이 인간에게도 몇 가지 정신법칙이 있다고 주장한다. 이 법칙들 가운 데 꿈이 이루어지는 데 도움이 될 만한 법칙은 첫째, '신념의 법칙'이다. 이것은 무엇이든 느낌을 갖고 믿으면 그것은 현실이 된다는 것이다. 둘 째, '인력의 법칙'이다. 인간은 살아있는 자석이라는 것이다. 즉, 우리는 자신의 생각과 일치하는 것들을 우리의 삶으로 끌어들인다는 것이다. 셋째, '상응의 법칙'이다. 이것은 안에 있는 대로 밖으로 표출된다는 것 이다. 삶의 모든 것은 안으로부터 밖으로 향한다. 따라서 먼저 스스로를 변화시켜야 한다는 것이다. 결국 모든 원인과 결과는 나한테 있다는 이 야기이다. 꿈이 이루어질 것을 믿고(신념의 법칙), 원하는 것을 끌어들여(인 력의 법칙), 나의 내면의 그것과 일치시키는(상응의 법칙) 노력을 통해 바라는 바를 현실로 만들어야 한다는 것이다.

하지만 정말 중요한 것은 꿈을 이루기 위한 과정을 즐길 줄 알아야 한 다는 것이다. 꿈을 이루기 위한 청사진을 그리고, 목표와 전략을 세우 고, 구체적인 계획으로 실천을 하는 과정이라는 시간을 투자할 수 있어 야 한다는 것이다. 행복은 결과가 아니라 과정이라는 말은 바로 하루하 루 꿈을 이루어가는 과정이 중요하다는 것이다. 히딩크 감독이 우리나 라 대표팀을 맡고 나서 가장 먼저 지적한 것이 "축구를 즐기라"는 것이었다고 한다. 전투적으로 연습해서 얻어지지 않는 것들이 있다. 바로 유연함이다. 유연함은 진정으로 즐길 수 있을 때 얻어지는 것이다. 배우기를 즐기는 학생이 공부를 잘하게 되어 있다. 비즈니스를 재미있어하는 사업가가 결국 부자가 된다. 결과도 중요하지만, 과정을 즐길 줄 아는 사람이 진정한 프로다.

궁즉통, 허즉통, 변즉통

.
.
.

　우리한테 붙어 있는 무의식의 프로그램, 즉 패턴을 바꾸는 일은 쉽지 않지만 바꾸자고 들면 얼마든지 바꿀 수 있다. 그러나 바꾸려고 결심하면 반드시 저항을 만나게 된다. 진정 무엇인가를 해보려 할 때면 언제나 도전을 받는 법이다. 다이어트를 하겠다고 결심했더니, 하필이면 이때 회식이며 결혼식, 돌집 등 뜻하지 않은 모임이 생기는 건 무슨 조화일까? 모든 변화는 저항을 받는다. 시작할 때는 더욱 그렇다. 돈을 펑펑 잘 쓰던 사람이 큰맘 먹고 통장을 하나 만들었다. 드디어 돈을 모으기로 한 것이다. 그런데 꼭 이럴 때 자동차가 고장 나거나, 멀쩡하던 보일러가 터지고, 전기제품이 고장이 난다. '난 항상 이렇다니까. 어쩔 수 없어.' 결국 이렇게 스스로를 생각하게 마련이지만, 사실은 그렇지 않다. 바꿀 수 있다. 다만 오래된 패턴이 끈질기게 버티고 있을 뿐이다.

　어떻게 바꿔야 할까? 제갈공명이 조자룡에게 주었던 세 개의 계략이 담긴 세 개의 주머니 속에 담긴, '공자의 궁즉통'과 '노자의 허즉통', 그리고 '손자의 변즉통'이 답이다. '공자의 궁즉통'은 '힘든 일이 닥치면 한 판 붙어라'이고, '노자의 허즉통'은 '자신을 비우라'이며, '손자의 변즉통'은 '시대에 맞게 변해라'라는 의미이다. 우리가 태도나 행동만 바꾸려고 한다면 이는 마치 나뭇잎만 잘라내는 격이다. 뿌리를 바꿔야 다른 열매를 얻을 수 있다. 근본을 변화시키지 않고서는 그 결과를 바꿀 수 없다.

'의지'라는 마음의 신발

.
.
.

세상에 태어나서 한 번도 좋은 생각을 가져보지 않은 사람은 없다. 목표를 세우고 결심을 다지지 않는 사람은 없다. 다만 그것이 지속되지 않을 뿐이다. 어제 맨 끈은 오늘 허술해지기 쉽고, 내일은 풀어지기 쉽다. 등산을 하게 되면 높은 산을 오를수록, 발에 힘이 들수록 헐거워진 등산화 끈을 다시 동여매야 하듯이 자신이 결심한 일 역시 시간이 흐를수록 '신념'과 '끈기'와 '인내'의 끈을 동여매야 '의지'라는 마음의 신발이 헐거워지지 않을 것이다. 시루에 콩나물을 키울 때 물을 주면 물은 모두 아래로 빠져버리는 것 같지만, 며칠이 지나 보면 어느새 콩나물은 쑥 자라 있는 것을 볼 수 있다. 이렇듯 변화를 시도할 때 내가 시도한 노력이, 배움이 모두 시루에서 빠지는 물과 같다고 실망할 필요는 없다고 생각한다. 99도인 물이 끓지 않는다고 해서 실망하고 포기하는 것은 어리석은 행동이다.

어느 날 큰 화상을 입은 소년을 진찰하던 의사가 난처한 얼굴로 하반신의 신경과 근육들이 화상으로 다 파괴되었기 때문에 소년을 위해서는 차라리 죽는 편이 더 나을 뻔했다며 이제 하체 부위를 전혀 쓸 수 없으니 평생을 휠체어에서 지내야만 한다고 했다. 다리를 심하게 다친 소년은 절망으로 의사의 얼굴만 물끄러미 쳐다보았다. 그 후, 소년은 의사의 말대로 침대에 누워 있지 않으면 좁은 휠체어에 갇혀 지내야만 했다.

그런데 어느 햇빛이 맑은 날 아침, 소년의 어머니는 신선한 공기를 마시게 해주려고 소년을 휠체어에 태워 앞마당으로 나갔다. 소년은 어머니가 집 안으로 들어간 틈을 타서 휠체어에서 몸을 던져 마당의 잔디밭에 엎드렸다. 그러고는 다리를 잡아서 두 팔의 힘으로 잔디밭을 가로질러 기어가기 시작했다.

소년은 날마다 그 행위를 반복했다. 너무 열심히 한 나머지 마침내 담장 밑을 따라 잔디밭에 하얗게 길이 생겨날 정도였다. 소년에게는 자신의 두 다리에 생명을 불어넣는 일만큼 중요한 것이 없었다. 때론 절망적이기도 했지만 소년은 곧 정상적으로 걸을 수 있다는 희망을 갖고 재활의 꿈을 키워나갔다.

결국, 소년에게 기적이 일어났다. 조금씩 걸을 수 있게 되었고 학교에도 갈 수가 있었다. 소년은 학교생활을 하면서 어느 날 육상부 학생들을 바라보며 자기도 달리기 선수가 되고 싶다는 꿈을 갖게 되었다. 그리고 그는 뛰는 연습을 시작했다. 비록 고통스러웠지만 이를 악물고 달리기 연습에 몰입했다. 몇십 번을 중간에 그만두고 싶은 생각이 굴뚝같았지만 이를 참고 또 참으며 견뎌내면서 반드시 꿈을 이루겠다고 의지를 불태우며 끝없이 달리며 노력했다. 그리하여 소년은 마침내 세계를 제패한 육상선수가 되었다. 그가 바로 세계적으로 이름을 떨친 '커닝햄'이다.

화상으로 파괴된 하반신이라 차라리 죽는 편이 낫다는 의사의 충격적인 말에도 불구하고 이에 쉽게 좌절하거나 포기하지 않고 휠체어에서 뛰어내려 기어 다니는 일부터 시작하여 걷기, 달리기 등의 피나는 훈련을 통해 결국 세계적인 육상선수가 되었다는 감동적인 일화다. 이 일화를 접하면서 우리 인간은 참으로 무한한 의지와 변화, 그리고 재활의 가능성을 가지고 있음을 깨닫게 된다. 또한, 그 어떤 어려움과 고통, 그리고 악조건도 끝까지 희망을 놓지 않고 노력을 한다면 이를 극복할 수 있는 대단한 힘도 가지고 있다는 사실은 많은 이에게 희망을 준다. 신체적으로 장애가 있어 불편하다고, 경제적으로 가진 것이 없어 힘이 든다고, 인격적으로 갖춘 것이 없어 무시당한다고, 너무 이에 과민반응을 하거나 마음을 상하며 쉽게 좌절하고 포기하는 일은 없어야겠다.

총량의 법칙

•
•
•

삶이란 행복과 불행, 기쁨과 슬픔, 행운과 고난의 연속이다. 일명 '지랄총량의 법칙'이라고도 하고, '고통총량의 법칙'이라고도 한다. 평생을 살면서 어느 누구도 '생로병사'를 비켜갈 수는 없기에 하는 말인 듯하다. 삶이 신선하기 위해서는 늘 배우는 자세가 되어 있어야 하고, 아는 사람이 되기보다 새로운 것을 받아들일 때 늘 열정으로 빛이 나고 활기에 찬 사람이 되는 것이다. 밀물의 때가 있으면 썰물의 시간도 있기 마련이다. 고여 있지 않고 멈춰 있지 않으면, 언젠가는 꼭 좋은 기회가 올 거라는 믿음이 중요하다.

지금 하는 일이 지옥 같지만 이 또한 지나가리라는 믿음이 있으면 지금 하고 있는 일에 몰두할 수 있을 것이고, 지금 하는 일이 아무리 힘들어도 이 일에 열중하고 몰두할 수 있다면 그 안에서 보람과 행복을 느낄 수 있다.

힘든 위기를 어떻게 대처하느냐에 따라 삶이 달라지는 계기가 된다. 필자 역시 정말 힘들었던 시기가 있었다. 절대로 그 암울한 시기가 없어질 것 같지 않았다. 그 힘들었던 시기에 만난 학문이 '긍정심리학'이었다. '끌어당김의 법칙', 내가 생각한 대로 내 인생이 이루어진다는 강력한 메시지가 내 머릿속에 가득한 순간, 실제로 바뀔 것 같지 않았던 내 삶이 바뀌게 되었다. 절대로 원하지 않았던 삶을 살게 되는 것 역시 내가 그 생각을 초대했기 때문에 이루어진다는 말이 정말 와 닿았다. 상황이 기분 나쁜 것이 아니라, 부정적인 말을 쓰는 순간 감정이 지배를 받는 경우를 많은 경험을 통해 체험해 보았을 것이다. "에이~ 짜증나!!" 하면 그 말을 하는 즉시 짜증이 확~ 밀려오게 된다. 지금 마음이 많이 힘들다면, 정말 즐거웠던 시간을 떠올려 보면 그 즐거웠던 시간은 뭔가의 결과물이 아니라, 그저 마음을 비우고 그 순간을 즐겼을 시간이었을 것이다. 지금 사랑하는 이들과 김밥 한 줄, 라면 한 그릇이라도 나눌 수 있다면, 바로 그게 행복이지 않을까?

내 안의 멘토

:

세상을 살아가다 보면 종종 문제를 함께 의논하고 앞길을 조언해 줄 멘토를 간절히 원하게 될 때가 있다. 학문적 스승은 많고 지식을 넓혀 줄 스승은 넘치지만, 인생의 등불이 되어 줄 진정한 멘토는 드문 것이 현실이다. 스펜서 존슨의 『멘토』라는 책에, 이런 고민을 말끔히 날려 보낼 수 있는 문구가 있다. "나는 나의 행동 방식이 늘 내 자신과 일치하는 것은 아님을 알고 있다. 나는 어떤 것이든, 자신에게 해가 되는 행동 방식이라고 느껴지는 것이 있으면 그것을 바꿀 수 있다. 왜냐하면, 나는 언제나 내가 의지할 수 있는 내 안의 멘토와 함께하기 때문이다." 우리 모두는 학생인 동시에 스승이다. 우리가 배울 필요가 있는 것을 스스로에게 가르칠 때 최상의 능력을 발휘할 수 있다.

이럴 때는 스스로에게 무엇이 필요한지를 질문을 해야 한다. 질문을 하면 정보를 얻을 수 있고, 질문을 통해 생각이 열리고, 질문을 통해 답을 얻을 수 있기 때문이다. 올바른 길을 가기 위한 가장 좋은 방법은 항상 자신의 행동을 주시하고 작은 잘못일지라도 즉시 바로잡는 것이다. 내 스스로 멘토가 되는 방법은 스스로 목표를 세우고, 자기 자신을 칭찬하고 격려하며 스스로를 돌아보고 잘못된 행동을 수정해서 더 나은 목표에 도달하도록 스스로를 훈련시키는 일이다.

1%의 긍정성

.
.
.

영국 속담에 다리를 놓으면 그 다리를 계속 건널 수 있다는 말이 있다. 세상은 거미줄처럼 네트워크화 되어 가고 있다. 이런 세상에서 관계를 잘 맺기 위해서는 언제든 '네가 먼저'라는 배려가 있어야 한다. 몸을 낮추고 고개를 숙이는 겸손함이 있어야 한다. 상대방이 잘되어야 나도 잘된다는 공감능력이 있어야 한다. 상대방에게 필요한 것이 무엇인지 살필 수 있는 사려심이 있어야 하고, 격려와 칭찬에 인색하지 말아야 한다. 매사 긍정적인 마인드로, 긍정 또 긍정해야 한다. 친절을 베풀 수 있는 마음의 여유를 가져야 한다. 대부분은 동전을 동그랗다고 생각하는 보편적인 생각을 갖고 있지만, 누군가는 동전을 구석에 세워놓고 측면을 보고 네모라고 말하는 특이한 사람도 있다. 단 1%라도 동전의 구석을 세워놓고 네모라고 말하는 사람을 이해할 수 있는 긍정적인 배려가 내 삶을 바꿀 수도 있다.

자기암시

언뜻, 역사는 무질서하고 대체적으로 어수선한 가운데 드문드문 혜성처럼 나타난 몇몇 천재들에 의해서 멸망의 위기에서 간신히 도약해온 것처럼 보인다. 그러나 배후를 곱씹어보면 끊임없이 과거에서의 영감을 재해석하는 사람과 당대 최고의 지성이 이루어낸 업적들의 아주 미묘한 긴장으로 조화롭게 짜여 있다. 수백 년 전에는 이해되지 못했거나, 무시당했거나 서로의 표현방식이 달라서 틀렸다고 낙인 찍혔던 많은 것이 시간의 흐름에 따라 재해석되고 받아들여지면서 공동 진화의 방향으로 나아가고 있다. 스티븐 풀의 『리씽크』에서는 "모든 새로운 것의 어머니는 모든 오래된 생각이다."라고 역설한다.

'에밀 쿠에'는 우리의 뇌가 행동을 좌우하는 생각, 습관, 본능에 해당하는 못을 박는 널빤지라고 가정한다면, 좋은 생각이나 습관 혹은 본능을 그 위에 놓고 망치로 두드리라고 한다. 다시 말해 자기암시를 하면, 새 못이 들어가는 만큼 오래된 나쁜 습관, 나쁜 생각의 못이 빠져나온다는 것이다. 망치로 두들길 때마다, 자기암시를 할 때마다, 새 못은 더 들어가고 오래된 못은 더 빠져나온다는 것이다. 그래서 일정한 횟수만큼 망치질을 하면 오래된 못이 빠지고, 새 못으로 대체된다. 이런 대체가 일어나면 그에 따라 사람도 변한다는 것이 '에밀 쿠에'의 '플라세보' 효과이다. 인지행동치료와 '스토아주의'가 하려던 일은 해로운 생각, 저절로 진행되는 부정적인 생각의 절차, 쿠에가 말한 '나쁜 못'을 제거하도록 돕는 일이다. 우리는 '플라세보'의 효과가 옳은지 그른지 여부가 아니라, 유용한지 여부로 판단해야 한다.

분노 관리

:

   마음 상태, 개인적인 성취감, 좌절감, 정신적이고 심리적인 상처 같은 것들은 모두 건강과 질병에 영향을 미치는 중요한 요소이다. 따라서 평소에 나의 감정이나 느낌을 살펴서 자연 면역체계를 강화하는 것이 필요하다. 만약 성질이 급한 편이거나, 누군가가 나의 생각과 어긋나는 말을 하거나 나를 비판하려고 할 때 눈에 불을 켜거나 한다면, 스스로 자신의 심리상태를 돌아보는 것이 필요하다.

   화를 참는 것은 좋지 않다. 화가 내면으로 향하면 장기를 다치게 하기에 더욱 위험하다. 분노는 결코 나쁜 감정이 아니다. 분노는 자신을 방어하고, 자신의 고유한 영역과 소유물을 보호하기 위해 있는 것이다. 분노를 느끼지 않는다는 것은, 아무런 방어 능력 없이 그저 남에게 떠밀려 다니는 존재일 뿐이라는 의미이다. "화내는 것은 나쁜 일이야. 착한 어린이는 화를 내지 않아요. 나쁜 어린이들만 화를 내는 거야." 이런 말로, 우리는 어릴 때부터 화를 억제할 것을 암시받아 왔다. 그래서 화가 날 때는, 자기 자신을 파괴하는 행동을 하여 화가 난 나쁜 자신을 벌주고는 한다. 분노를 어떻게 억누르느냐 하는 것이 아니라 어떻게 다른 방향으로 분출시키는가 하는 것을 배우는 것이 유익하다. 가장 좋은 방법은 분노를 자연의 거대한 힘으로 간주하고, 그것이 스스로 소진되게 하는 것이다. 그러면 마음의 평화를 되찾을 수 있고 평상심을 유지할 수 있다.

행복과 불행

평탄한 길을 걷는다고 행복한 인생은 아닌 듯하다. 그 길을 걸으면서 얼마나 즐거웠고, 보람 있었는지가 중요하다. 오늘 내가 걷는 이 길에서 보람을 찾을 수 있다면, 성취를 얻을 수 있다면, 조금이라도 앞으로 나갈 수 있다면, 아무리 어렵고 힘든 여정일지라도 이 여정은 행복한 여정일 것이다. 다람쥐 쳇바퀴 돌듯 하는 매일매일의 일상이지만, 이 일상 속에 무한한 에너지와 희망과 꿈이 함께하고 있다면, 충분히 감사한 생활이다.

매사 어떤 감정, 어떤 에너지를 초대하느냐에 따라 부정적인 삶을 살기도 하고, 어두운 에너지를 소비하기도 한다. 매일 아침 "오늘도 고마움을 모르고, 폭력적이고 기만적이고, 질투심 많고, 몰인정한 사람들을 만날 것이다. 그들 중 누구도 나를 잘못된 일로 끌어들이지 못하므로 내게 해를 입히지 못할 것이다. 또한 나는 가족에게 화를 내지 않을 것이다. 우리는 서로 협력하기 위해 이 세상에 나왔기 때문이다."라는 마음으로 하루를 시작하면 하루를 의미 있게 보낼 수 있을 것이다. 또 계속해서 넓어지는 소중한 존재들의 원 안에 자신이 있다고 상상하는 '히에로클레스원' 명상법도 삶의 평화를 얻는 데 도움이 된다. 아우렐리우스는 "인간은 어떤 대상이 아니라, 그 대상에 대한 시각 때문에 불행해진다."고 했다. 일어난 일은 바꿀 수 없지만, 그에 대한 생각, 그리고 감정은 내 의지에 따라 바꿀 수 있으니, 결국 행복과 불행은 내 생각에 달렸다고 볼 수 있다. 내가 행복하다고 생각하면 행복하고 불행하다고 생각하면 불행이다.

유인력의 법칙

마음은 쓰는 쪽으로만 발달하는 것 같다. 다른 사람의 단점을 찾아 부정적인 이야기만 하게 되면, 자신의 모습도 어느새 부정적인 모습을 담게 된다. 다른 사람의 좋은 점을 찾아 긍정적인 이야기를 하면 자신의 모습도 긍정적으로 바뀌는 것을 알 수 있다. '유인력, 끌어당김의 법칙'에 의하면, 계속 주의를 기울이거나 충분히 오랫동안 그것을 의식하게 되면 그것을 내 삶 속으로 가져다주게 된다고 한다. 내가 주의를 기울이는 것은 이렇게 말하는 것과 같다는 것이다. "그래, 어서 내게로 오거라. 내가 원하지 않는 것들아." 우주에는 'NO'라는 것이 없어서 부정적으로 생각하면 그것 역시 계속 내가 끌어당기고 있다는 신호라는 것이며 무엇인가를 느끼게 되는 나쁜 감정은 현재 나쁜 것을 끌어당기고 있다는 것이다.

사람에게는 누구나 단점도 있고 장점도 있다. 다른 사람의 단점만 보는 사람도 있고 장점만 보는 사람도 있다. 지금 내 곁에 있는 사람의 장점을 보고 "난 널 믿는다."라는 신뢰를 보내준다면 그와 나에게 아주 놀라운 삶의 기적이 일어날지도 모른다. 지금 힘들어하고 있는 옆의 사람의 손을 잡고 격려해 주고 지지해 주고, 위로해 준다는 것은 나 자신을 위한 것이기도 하다. 칭찬과 격려는 긍정 에너지의 부메랑이 되어 자기 자신에게 돌아올 것이기 때문이다.

내가 세상에 태어난 이유

.
.
.

    세상을 살아가면서 내 마음의 소리에 귀를 기울이며 사는 것이 중요하다. 내 안에 있는 마음의 메시지는 나에게 이렇게 말한다. '내 안에 있는 지혜의 샘에서는 늘 지혜가 샘솟고, 나는 생각하고 말하며, 생각하고 행동하는 사람입니다. 나에게는 의지력이 있습니다. 무엇이든지 옳다고 생각하고 결심하면, 주저하거나 피하지 않고 적극적으로 추진합니다. 나에게는 용기가 있고 옳은 일에는 두려움을 갖지 않고, 양심적이어서 잘못된 것이라 생각되면 하지 않습니다. 나는 정서적인 사람이어서 감정을 적절하게 조절하여 지나치게 위축되거나 충동에 이끌리지 않습니다. 나에게는 다른 이를 사랑하고자 하는 따뜻한 마음이 있습니다. 그래서 누구든지 사랑할 수 있습니다. 나는 다른 이의 생각과 행동을 이해할 수 있는 사람이고, 품위를 소중하게 생각하여 천박하거나 경솔하게 행동하지 않습니다. 나는 분노와 슬픔을 참을 줄 알며 감정을 조절할 줄 압니다. 나는 다른 사람과 함께 기뻐할 줄 알며 다른 이와 잘 어울릴 수 있습니다. 나에게는 내가 이 세상에 태어난 이유가 있습니다. 나만이 할 수 있는 일을 위하여 세상에 존재합니다.'

    이 많은 메시지 중 가장 중요한 메시지는 내가 이 세상에 태어난 이유의 메시지이다. 사람은 누구나 모두 자신만이 할 수 있는 일이 있게 마련이다. 어느 누구와도 비교할 수 없는 나만이 할 수 있는 일을 하기 위해 이 세상을 살아가는 것이다. 자신의 존재감은 누군가에게 인정받을 필요가 없는 정말 소중한 삶의 가치이다.

인생과 희망

어제만 있고 오늘이 없다면 인생이 끝나고, 오늘만 있고 내일이 없다면 희망이 끝나 버린다. 매사 시작이 있으면 종료가 있기 마련이고, 원인이 있으면 결과가 있기 마련이다. 앞쪽에선 자세히 볼 수 있는 장점이 있지만, 뒤쪽에선 폭넓게 볼 수 있는 장점이 있다. 세상 사는 일이 모두 내 맘대로 내 뜻대로 되는 것이 아니어서 때로는 하루하루가 막막할 때가 많다.

그렇게 막막할 때는 한걸음 물러나 숨을 고르면서 뒤에서 관조해 보는 것도 좋다. 지나치게 가까이 있어서 제대로 된 판단을 할 수 없을 때는 거리를 두고 바라보는 것이 도움이 되기 때문이다. 자세히 보려면 거리를 좁혀야 하나, 전체를 폭넓게 보려면 거리를 두어야 한다. 거리를 확보해야 객관적 조명이 가능하고, 시간을 확보해야 객관적 판단이 가능하다. 일이 내 맘대로 안 될 때는 한 템포 쉬어가며 거리를 두어보는 것도 좋은 방법이다.

감정의 싹

.
.
.

사람의 뇌는 동시에 두 가지 감정을 가질 수 없다고 한다. 사람의 머리에는 오직 하나의 의자만 놓여 있어서 여기에 절망이 앉아 버리면 희망이 함께 앉을 수 없고, 반대로 희망이 먼저 앉아 버리면 절망이 함께할 수 없다는 것이다. 심리학에서는 이를 '대체의 법칙'이라고 설명한다.

절망하고 싸우기보다는 자꾸 희망을 품는 것이 상책이다. 하지만 절망이라는 감정의 홍수에 빠지게 되면, 희망이란 단어조차 기억이 나지 않는 것 같다. 애당초 부정적이고 절망적인 감정의 홍수에 빠지기 전에 원하는 것을 생각하고 주의를 기울이고 상상하는 일이 중요하다. 무엇을 현실로 만드느냐는 현재의 방해물과 문제점들이 아니라 어디에 에너지를 써야 하는지, 무엇을 생각하고 상상하는지, 어느 것을 주의하고 있는지가 중요하다. 결국 내 감정의 싹들은 내가 어느 곳에 얼마나 물을 주느냐에 따라 자라기 마련인 것 같다.

복잡한 자기개념

．
．
．

사람은 각자 자기 자신에 대한 '주관적인 평가와 인식' 즉 '자기개념'을 갖고 있다. 이 자기개념이 다양하고 복잡한 정도를 자기복잡성self-complexity라고 하는데, 자기복잡성이 높을수록 스트레스에 대한 충격이 덜하고, 외부의 평가에도 덜 흔들린다고 한다. 자기개념을 구성하는 요소가 많고, 각각의 자기개념 간에 경계가 분명해서 서로 영향을 적게 미칠수록 자기 복잡성은 높아진다고 한다. 다양한 역할, 관계, 행동, 상황을 경험하면서 그 속에서 자기 자신을 복합적으로 개념화하게 된다. 그래서 자기개념은 단순하게 한두 가지 요소로만 이루어지지 않고 여러 가지가 모여 복잡하게 구성하게 되는 것이다.

심리학자들은 삶의 여러 요소에서 다양한 자기개념을 개발해, 자신을 지켜내는 마음의 힘을 얻고 마음의 건강을 지키라고 한다. 자기 복잡성이 높은 사람은 스트레스를 받더라도 덜 우울해지고, 자기 자신에 대한 인식과 평가에 미치는 부정적 영향도 적다는 것을 여러 논문을 통해서 확인된 바 있다. 자기 복잡성이 높으면, 스트레스와 관련된 자기개념에는 영향을 받지만, 그 외의 다른 측면들이 완충 역할을 해준다는 의미이다. 따라서 단순한 자기개념을 가진 사람보다 복잡한 자기개념을 가진 사람이 스트레스를 받더라도 충격을 덜 받고, 자신을 강하게 지켜 나갈 수 있다.

마음 근육

· · ·

　근육 운동을 하면 근육이 발달하는 것처럼, 긍정적인 생각 연습을 많이 하면 긍정적인 사고가 발달한다. 생각은 근육 운동과 마찬가지로 어떻게 단련하고 반복하느냐에 따라 발달하기도 하고 퇴보하기도 한다. 많은 뇌 과학자들은 긍정적인 생각을 많이 할수록 그와 관련된 뉴런이 더 강하게 결합한다고 한다. 긍정적인 생각은 몸에 좋은 호르몬을 생성해 더욱 긍정적인 생각을 유발하게 되는 선순환 과정을 설명하고 있다. 우리 모두는 스스로 삶을 통제하고 조종하며 원하는 삶을 살 수 있는 능력을 이미 갖고 있다는 것이다. 평상시에 어떤 생각을 갖고 살았느냐에 따라 나중에 치매가 걸렸을 때 확연히 다른 행동으로 나타난다고 한다. 내가 마음을 다스리며 살 것인지, 마음이 나를 다스리며 살게 할 것인지에 따라 내 삶의 방향이 달라지는 것이다. 내 삶의 방향키는 '마음 근육'에 달렸다.

사려 思慮

．
．
．

　사려가 깊다는 것은 다른 사람의 감정과 그들이 처한 상황에 대해 신중하게 생각하는 것이다. 사려 깊은 사람은 항상 자신의 행동이 다른 사람에게 어떤 영향을 미칠지 염두에 둔다. 다른 사람이 무엇을 좋아하고, 무엇은 좋아하지 않는지에 대해서도 세심한 주의를 기울인다. 또 칭찬과 격려, 이해와 배려로 상대방을 기쁘게 해주기도 한다. 사려 깊은 사람이 되기 위해서는 다른 사람의 감정과 그들이 필요로 하는 것을 존중해 줘야 하고, 다른 사람이 필요로 하는 것도 내가 필요로 하는 것만큼 중요하다는 점을 기억해야 할 일인 것 같다.

감정 근육

:

주변에 나를 귀찮게 하고 괴롭히는 사람이 없다면 인내심을 배울 수 없다. 나를 성가시게 하는 사람들, 나에게 도움이 되지 않고 해로운 행동을 하는 사람들, 나를 아프게 하는 사람들은 원한의 대상이 아니라 감사를 보내야 할 대상이다. 이런 사람들은 마음 근육을 강하게 만들어주는 사람들이며 이해와 인내를 훈련할 기회를 주는 스승이다.

우연히 '정토회'에 4년 동안 있으면서 썼던 딸아이의 일기장을 본 적이 있다. 20대 초반 어린 나이에 물 하나 제대로 쓸 수 없는 인도의 척박한 환경에서 100명의 식사를 준비하며 쏟았을 눈물이 가슴에 흘러내렸다. 어쩔 수 없이 저지른 실수에 눈물 쏙 빼게 하는 사수의 질책은 읽는 이의 가슴을 아리게 하기에 충분했다. 또래의 다른 친구들이 즐거운 학창시절을 보내는 동안, 자발적으로 겪은 4년이라는 인고의 세월이 정신적인 성숙함을 주고 세상을 어떻게 살아야 하는지를 깨닫게 한 것 같아 가슴은 아프지만, 대견하고 뿌듯했다. "그때는 그 사람 때문에 너무 힘들고 어려웠는데 이제 돌이켜보니 그를 만난 것이 나에게는 행운이었어요."라고 말하는 딸아이는 이 세상 세파를 헤쳐 나가는 데 있어 두려울 것이 없을 거라는 생각이 든다.

강인한 홀로서기가 저절로 되는 것은 아니다. 콩을 시루에 키우면 콩나물이 되어 한 끼 반찬으로서의 역할만 하지만, 노지에 키운 콩나무는 더 많은 결실을 낼 수 있는 씨앗이 될 수 있다. 혹독한 시련을 이겨낸 덕분이다. 싫은 소리 한 번 안 듣고 자랐다면, 감정 근육이 단련이 되지 않아 환경에 따라 감정이 휘둘릴 수 있다.

나를 힘들게 하는 상황이 없다면 인내를 배울 수 없고, 나를 힘들게 하는 사람이 없다면 마음 근육을 단련할 수 없다.

자기 수용

．
．
．

'코칭상담'을 하다 보면, 많은 사람들이 과거에 발목이 잡혀 앞으로 나아가지 못하고 괴로워하며 전전긍긍하고 있는 것을 볼 수 있다. 과거를 바꿀 수는 없으므로, 우리는 어떻게 해서든 과거의 아픈 기억을 해소할 길을 찾아보아야 한다. 트라우마는 재해를 당한 뒤에 생기는 비정상적인 심리적 반응. 외상에 대한 지나친 걱정이나 보상을 받고자 하는 욕구 따위가 원인이 되어 외상과 관계없이 우울증을 비롯한 여러 가지 신체 증상이 나타나는 것을 의미한다.

즉 '트라우마'라는 것은 과거의 어떤 개인의 상황 때문에 현재가 결정되었다는 원인론을 의미한다. 지금의 나의 행동이 과거에 겪었던 경험에서 형성되었다는 것이다. 하지만 심리학자 아들러의 이론을 활용한 『미움받을 용기』에서는 이런 원인론적 트라우마를 부정하고 목적론을 제시한다. 지금의 나의 행동을 정당화하기 위해 과거의 트라우마를 끌어들인다는 것이다. 나의 옳지 못한 행동을 정당화하기 위한 목적이라는 것이다. '남이 나를 어떻게 생각할까?'에 대한 과제를 분리해야, 미움받을 용기를 내어 자유로워질 수 있고, 용서할 수도 있을 것이다.

과거의 부모에 대한 트라우마로 인해 방황하고 의욕상실증을 앓던 학생이 있었다. 상담을 통해 지금의 자신의 모습은 결코 부모 때문이 아닌, 스스로의 문제라는 것을 깨달은 후 부모에게 가졌던 미움도 버리고,

자신의 삶의 목표를 정해 열심히 노력한 끝에 본인이 원했던 곳에 취업을 하게 되었다. 자신을 수용하게 되면 과거를 받아들이면서도 미래의 문을 열 수 있는 열쇠를 손에 쥘 수가 있다. 모든 것을 수용하고 나면, 두려워할 일이 적어진다. 미움받을까 두려워서 자유를 잃지 않는 일은 하지 않아도 되는 것이다.

자기수용은 미래로 나아가는 징검다리이다. 과거를 털어내고 새로운 미래를 향해 건너가게 한다. 맺히고 막힌 관계를 풀고 다시 어깨동무하며 함께 가게 한다. 수용을 하고 그동안 맺혔던 마음을 풀고 나면, 모든 면에서 자유로워질 수 있다. 맨 먼저 자신이 자유롭게 되고, 그 다음에 상대방을 자유롭게 해 주어서 어제보다 더 좋은 관계로 발전할 수 있는 것이다. 행복한 삶을 위해서는 과거가 현재를 가두는 감옥이어서는 안 된다. 과거는 그저 과거일 뿐이다.

부정적인 거울

·
·
·

필리핀의 티자데이 부족은 싫어하다, 미워하다, 전쟁이라는 말이 아예 없다고 한다. 어떤 인디안 부족은 거짓말이라는 단어가 아예 없다고 한다. 따라서 그러한 사고방식이나 행동양식도 존재하지 않는다. 우리는 살면서 얼마나 자주 부정적인 말을 하는지, 그리고 내 능력에 대한 자신감의 부족이나 두려움에서 나오는 염려 섞인 표현들을 얼마나 자주 내뱉는지 한번 되돌아봐야 한다.

뇌 교육자이신 '이승헌' 총장님에 의하면, 우리의 뇌 속에는 진실된 모습을 비추는 거울과 부정적인 모습을 비추는 거울이 있는데, 부정적인 거울은 부정적인 메시지가 뇌에 반복해서 입력될수록 또렷하게 부정적인 모습을 비추며 그것이 진짜 자신의 모습인 것처럼 우리 뇌를 속인다고 한다. 부정적인 거울은 두려움의 에너지를 먹고 자라면서 안전의 욕구에 집착을 한다는 것이다. 부정적인 생각에 빠졌을 때에는 부정적인 거울을 깨뜨리는 상상을 해보는 게 좋을 것 같다. 그 거울은 나 스스로만 깨뜨릴 수 있다. 반복되는 내면의 메시지가 부정적인 메시지임을 알아차리는 순간 부정적인 거울은 단번에 깨어지고 그때서야 우리는 자유로워질 수 있을 것이다.

변화

∙
∙
∙

　변화하려면 값을 치러야 한다. 모든 변화에는 달콤한 것을 포기해야 하는 대가가 반드시 필요하다. 나를 편하게 했던 것, 나를 게으르게 했던 것, 내가 좋아하는 것들까지도 포기해야 할지 모른다. 포기하는 과정 속에서 나는 새로운 모습으로 리모델링될 수 있다. 시간을 쪼개서 내든, 열정을 내 안에서 퍼내든, 잠을 줄여가며 발에 땀이 나오도록 뛰든 어느 정도 값을 치러야 한다. 달콤함을 포기하지 못하고 변화하겠다는 생각은 애초부터 불가능한 일이다. 변화의 대가를 톡톡히 치른 사람만이 "~때문에도 불구하고 해냈다."라고 뜨겁게 말할 수 있는 것이다.

　변화가 두려운 것은 바로 내가 잘 모르는 미지의 세계를 경험해야 한다는 것 때문이다. 첫 출산하는 모든 산모들이 아무런 경험이 없어도 산고의 고통을 이겨내고 아기를 낳을 수 있는 것은 잘해 낼 수 있을 거라는 자신에 대한 믿음 때문이다. 산고의 고통을 참아내면, 소중한 새 생명을 만날 수 있다는 행복한 기대감이 있기 때문이다. 변화를 즐기는 사람은 무엇이든 받아들일 자세로 열려 있다. 세상일에 대해 너그럽고 늘 무엇인가 새로운 일을 찾는 것에 게으르지 않다. 삶은 유동적이어서 살아 있으며 변화한다. 그 안에서 숨 쉬고 사는 우리들의 환경이 절대 무풍지대일 수 없다. 변화를 긍정적으로 받아들일 수 있을 때 비로소 내가 원하는 삶을 주도적으로 살아갈 수 있을 것이다.

마음의 문

·
·
·

사람들이 내 말에 귀 기울이지 않는다고, 한숨 섞인 표정을 지었던 적이 있을 것이다. 그것은 스스로 깨닫지 못한 사이에 마음의 문을 꼭꼭 걸어 잠그고 있었기 때문이다. 사람들이 마음의 자리를 내어주지 않아서 섭섭했던 적도 있을 것이다. 그건 아마도 상대방의 마음의 문고리를 열 용기가 없어서 그저 마음의 문 앞에 서 있기만 했었기 때문이었을 것이다. 그동안 벽을 느끼고 돌아섰던 사람들에게 그 벽은 상대방이 만든 벽이 아니라, 내가 만든 벽이었고, 내가 닫아 걸은 내 마음의 문이었던 것이다. 상대방의 마음의 벽 때문에 섭섭했던 마음을 알고 보니, 문을 두드리려는 노력을 하지 않아서였던 것이다.

내가 걸어 닫은 마음의 문, 내가 쌓아올린 마음의 벽은 내 손으로 열고 내 손으로 헐어야 비로소 다른 사람들이 들어올 수 있다.

· · · · ·

7

사람과
사람 사이는

대인관계의 마스터키

:
:

영국의 어느 고등학교에서 1등, 2등을 다투는 학생 둘이 있었다. 1등 하는 학생은 동양인이고 2등 하는 학생은 영국인이었다. 언제나 조금의 점수 차이로 동양인이 1등만 하자 영국 학생의 친구들은 "야, 너 어떻게 해서든지 1등 좀 해봐라."라고 늘 영국 학생을 부추겼다. 그런데 어느 날 늘 1등만 하던 친구가 며칠 동안 학교에 나오지 않았다. 그래서 2등 하던 친구가 알아보았더니 교통사고로 입원해 있었다. 그 소식을 들은 그의 친구들은 "야, 잘됐다. 이번에야말로 드디어 네가 일등 하겠구나!"라고 좋아했다. 그런데 학기 말이 끝나고 성적을 보니 이상하게도 오랫동안 학교에 못 나왔던 그 동양인 학생이 또 1등을 했다. 친구들이 어리둥절하고 있을 때에 1등 한 학생이 일어나서 이야기했다. "내가 병원에 입원해 있을 때 이 친구가 꽃다발을 가지고 와서 위로해 주었고, 학교에서 공부한 것을 전부 필기해서 날마다 찾아와 나에게 가르쳐 주었어. 그랬기 때문에 내가 병원에 누워 있었어도 공부를 다 할 수가 있었고 또 1등을 할 수 있었어. 난 공부벌레라서 성적은 좋을지 모르지만 인격적으로는 이 친구가 나보다 훨씬 좋고 훌륭한 친구야." 그러자 모든 친구들이 고개를 숙이고 있는 2등 친구를 칭찬했고 많은 선후배들도 그를 존경하게 되었다.

사람들은 요즘 세상에 이렇게 살다가는 큰일 난다고들 한다. 과연 남을 밟고 일어나서 경쟁에서 승리해야 진정한 성공할까? 우리가 인생을 살아가면서 가장 힘들어하는 것 중의 하나가 인간관계일 것이다. 이 인간관계 때문에 스트레스 받고 회사를 그만두거나 상처받아 우울증에 걸리기도 한다.

미국 펜실베이니아주 피츠버그에 카네기 공과 대학은 직장생활과 가정생활 그리고 사회생활에 실패한 사람들 만 명을 표본 조사해서 그들이 실패한 이유에 대해 심층적으로 연구해 보았다고 한다. 그랬더니 전문적 기술과 지식이 결여되어 실패한 사람은 15%에 불과했고, 85%가 인간관계에서 실패했다는 통계결과가 나왔다. 두 번째 조사로 대인관계에 실패한 85%의 사람들에게서 발견된 인간관계의 문제점이 무엇인지 집중적으로 조사를 해보았더니 그들에게서 두 가지의 중대한 결점이 발견되었다. 그것은 매사를 자기중심으로 대했다는 것과 다른 하나는 비판적이고 부정적인 생활 자세를 가지고 있었다는 것이었다. 인간관계에서 가장 큰 문제는 자기 자신은 자기중심적인데 자기중심적인 다른 사람을 제일 싫어하는 이율배반적인 행동이다. 저출산으로 자녀 중심적으로만 키우다 보니 아이들도 매사에 자기중심적이어서 학교나 사회에서 이기적으로 행동하며 리더십만 가르치고 팔로우십은 가르치지 않는다. 그러나 팔로우 없는 리더는 있을 수 없고 자기중심적인 사람들을 동료나 부하직원들은 싫어하기에 결국 대인관계에서 실패하고 마는 것이다.

열쇠를 집 안에 두고 현관문을 실수로 잠가 버렸다면, 열쇠 수리공을 부른다. 열쇠 수리공은 오토바이를 타고 달려와서 허리춤에 달린 열쇠 꾸러미 중에 하나를 골라 이리저리 깔짝거려 보고 이내 문을 딸깍 열어

버린다. 바로 '마스터키'라는 것이다. 무슨 문이든 여는 '마스터키'처럼 힘든 인간관계를 풀고 많은 사람들의 인정과 칭찬을 받으며 존경까지 받을 있는 성공적인 대인관계를 위한 '마스터키', 대인관계에 있어서의 '마스터키'는 '존중'과 '배려', '격려'와 '칭찬', '지지'일 것이다.

의미 있는 만남

매사 알기만 하는 것만으로는 부족하다. 아는 것을 실생활에 적용해야만 지혜를 얻을 수 있다. 인맥이 중요하지만, 인맥으로 인한 네트워크는 해결사가 아니라 도우미일 뿐이다. 인연을 맺으면 맺을수록, 네트워크가 많으면 많을수록 살아가는 데 도움이 된다. 하지만, 만남에는 반드시 의미를 부여해야 한다. 의미는 자신을 성장하게 만들 뿐만 아니라 인생을 풍요롭게 만들어 줄 것이다. 사람들을 많이 만나 보면, 어떻게 하면 인생에서 성공할 수 있는지 알 수 있는 지혜가 생긴다. 내가 페북에서 친구의 제한을 두지 않는 이유기도 하다. 어떤 친구가 나에게 영감을 줄지는 알 수가 없기 때문이다. 강점을 강화해 줄 수 있는 의미 있는 만남. 약점을 보완, 제거해 줄 수 있는 만남, 기회를 제공, 창출할 수 있는 만남, 위기를 예방, 극복해줄 수 있는 만남, 우리가 어떤 만남에 의미를 두고 살고 있는지 늘 되돌아봐야 할 것이다.

자기경영

:
:
:

인생에 있어서 성공과 실패의 출발점은 자신을 경영하는 것에서부터 시작하게 된다. 그러나 아무리 노력해도 안 된다고 하는 사람도 있다. 이런 사람은 좋은 코치와 좋은 멘토를 찾아보는 것이 좋다. 손을 내밀기만 하면 좋은 코치는 항상 손을 잡을 준비를 하고 기다리고 있는데, 내가 손을 내밀지 않으니 아무도 손을 잡아주지 않는다. 책도 좋은 선생이다.

자기 경영을 잘하기 위해서는 첫째, 자신을 항상 업그레이드를 해야 한다. 둘째, 마지막 1초까지 올인 해야 한다. 오늘 1분을 우습게 여기는 사람은 내일 1분 때문에 울게 될 것이다. 셋째, 나만의 성공 자산을 만든다. 아무리 사소하게 보여도 자신이 잘하는 것, 경험들은 성공자산이 될 수 있다. 넷째, 자신을 칭찬하는 일이다. 칭찬을 하면 칭찬 받을 일을 하게 되고 비난을 하면 비난 받을 일을 하게 된다. 다섯째, 성공모델을 찾는다. 성공모델이 성공에 영향을 미치는 이유는 성공으로 가는 안내지도가 되어주기 때문이다. 성공모델을 찾을 수 있다면, 목적지에 빨리 도착할 수 있는 지름길을 발견한 것과 같다. 지금까지 제시된 다섯 가지를 제대로 실천한다면 틀림없이 자기 경영에 성공하게 될 것이다. 인생전략 없이 남이 차려주는 밥상을 받아먹겠다는 마음으로는 살아갈 수 없는 시대이다.

원하는 것을 얻는 지름길

:
:

원하는 것을 얻는 지름길은 바로 상대방에게 먼저 주는 것이다. 칭찬을 받고 싶으면 칭찬을 먼저 해야 하고, 존중을 받고 싶으면 먼저 상대방을 존중해주고, 사랑을 받고 싶으면 먼저 사랑을 해야 한다. 내가 상대방에게 귀를 기울이면 기울일수록, 관계를 맺으려고 하면 할수록, 상대방도 그만큼 나에게 관심을 기울여주게 된다. 첫 만남은 두 사람이 즐거운 시간을 갖는 기회가 될 수도 있고, 우정을 시작하는 기회가 될 수도 있다. 사회적인 관계 또는 비즈니스 관계를 맺는 기회가 될 수도 있으며, 사랑을 시작하는 기회가 될 수도 있다. 내가 상대방에게 준 사회적 선물로 인해 믿음을 얻을 수 있고 신뢰를 쌓을 수 있을 것이다. 열린 마음으로 상대방의 욕구를 충족시켜 주면 서로가 만족하는 길로 나아갈 수 있으며, 내가 원하는 인간관계를 구축할 수 있다.

"당신이 가진 것을 선물하라. 누군가에게는 그것이 당신이 상상하지도 못할 만큼 훌륭한 것이 될지도 모른다."
- H. W. 롱펠로

실패하는 사람들의 공통점

.
.
.

　성공을 못 하는 사람들에게는 공통점이 한 가지 있다고 한다. 그것은 자신이 실패한 이유를 잘 알고 있으며 그것에 대한 완전한 핑계거리를 가지고 있다는 것이다. 그들의 핑계는 논리적이어서 거의가 그것이 맞다고 생각되는 것들뿐이다. 그러나 중요한 것은 그들이 아무리 교묘하게 핑계를 댄다고 해도 그것으로 행복해질 수도 없으며 부를 이루지도 못한다는 사실이다. 만일 자기의 참 모습과 직면하지 않고, 자기를 분석하지 않고 얼렁뚱땅하려고 하거나 핑계거리만을 생각한다면 절대로 자기를 성장시킬 수 없을 것이다.

　성공하는 사람은 방법을 찾고 실패하는 사람은 이유를 찾는다.

역린지화 逆鱗之禍

.
.
.

　'역린지화逆鱗之禍'라는 말이 있다. 역린을 잘못 건드리면 목숨까지 잃을 수 있다는 『한비자』에 나오는 '고사성어'에 나온 말이다. 남들의 잣대로는 평가할 수 없는, 남들이 하찮게 여기는 것이라 하더라도 각자 자신이 중요하게 생각하는 부분이 바로 '역린'이다. 다른 사람에게 씻을 수 없는 상처를 입히면서도, 정작 그 사실을 잘 깨닫지 못하는 사람들이 많다. 아무리 순하고 이해하고 배려심이 많은 사람이라 하더라도 자신의 '역린'을 건드린 사람을 용서하는 사람은 없을 것이다. 다른 사람의 '역린'을 건드려 놓고, 상대방을 위해 솔직하게 말해 준 거라 합리화하고 "그래도 뒤끝은 없다."라며 자기 행동을 정당화한다. 하지만 뒤끝이 없는 것은 자기 생각이지 당하는 사람은 다르기 마련이다. 역린으로 인해 받은 상처는 결코 쉽게 아물지 않는다.

말이 깨끗하면 삶도 깨끗해진다

．
．
．

인간과 동물의 두드러진 차이점은 의사소통 능력이다. 오직 인간만
이 복잡한 사고와 섬세한 감정, 철학적인 개념을 주고받을 수 있다. 그
런데 우리는 이 귀한 선물을 사랑을 전하고 관계를 돈독하게 하고 불의
를 바로잡는 데 써 왔을까? 아니면 서로에게 상처를 입히고 멀어지도록
했을까? 험담을 멈추게 할 수 있는 사람은 이미 나쁜 마음을 먹고 말하
는 쪽이 아니라 그 이야기를 듣는 쪽이다. 대화가 옳지 않은 방향으로
흘러갈 때는 스포츠, 날씨, 경제 등 안전하고 흥미로운 화제로 바꾸어 보
는 것이 좋다. 험담이 시작될 때마다 다른 이야기를 꺼낸다면 상대방은
험담을 해도 아무 소득이 없다는 사실을 깨닫고 주의하게 될 것이다. 누
구에게나 선한 말로 기분 좋게 해주는 것이 좋다. 그래야 좋은 기운의
파장이 주위를 둘러싸게 된다. 다른 사람에게 해 줄 좋은 말이 없거든
차라리 침묵을 지키는 것이 더 나을 것이다.

원활한 소통의 첫걸음

․
․
․

소통하는 데 있어서 가장 큰 갈등 요인 중 하나는 자신의 주관을 가치의 척도로 놓고 다른 사람의 의견을 무시하는 데 있다. 쓸데없는 갈등으로 인간관계를 망치지 않기 위해서는 가능한 한 객관적으로 말하려고 노력하는 것이 중요하다. 객관적으로 말한다는 것은 자기 생각을 기준으로 다른 사람의 생각이 틀렸다고 말하지 않는 것을 뜻한다. 그러려면 자신의 생각을 말할 때는 반드시 '제 생각은 이렇습니다.'라며 그 말이 주관적임을 밝혀야 한다. 객관적인 생각으로 말을 하면 자기 생각만 옳다고 고집을 피울 필요가 없어진다. 박스테이프의 모양을 말할 때 대부분은 동그라미라고 하지만, 그것을 세워놓고 옆면에서 보았을 때는 직사각형의 모양이 보이기도 한다. 키가 큰 사람하고 키가 작은 사람하고의 보이는 시야는 분명 다를 수 있다. 이렇듯 보는 위치에 따라, 시각에 따라, 그 당시의 감정 상태에 따라 다르게 보일 수도 있다는 것을 인정하는 일. 그것이 바로 원활한 소통의 첫걸음일 것이다.

인품의 향기

．
．
．

인간관계의 핵심은 입은 닫고 지갑을 여는 것이다. 말이란 필요한 때에, 필요한 말을, 필요한 만큼만 하면 된다. 그 다음이 지갑을 여는 것이다. 언젠가 살 밥이라면 먼저 사는 것이 효과적이다. "언제 밥 한번 먹자~"라는 공수표만큼 공허한 것은 없다. 언젠가 한번 해야 할 선물이라면 먼저 하는 것이 주도권을 잡는 일이고, 인간관계를 살리는 특효처세술이다. 나잇값, 자리 값이라는 말이 있다. 꼭 열어야 할 지갑을 열지 않을 때, 하지 않아도 될 말을 수다스럽게 늘어놓을 때, 공치사를 할 때, 인격은 떨어지고 인품의 향기는 사라진다. 말의 품격을 올리는 일은 상대방을 칭찬하고 격려하고 지지할 때이다. 어떤 말을 해야 할지, 언제 지갑을 열어야 할지를 잘 포착하고 실천한다면 인간관계는 만사 오케이다. 예전에는 아는 것이 힘이라고 했지만, 요즘 같은 정보화 시대에는 아는 것보다 더 중요한 것은 실천하는 것이다.

자기소개서

자소서 코칭을 할 때 우선 자신의 가치관이 무엇인지, 타고난 기질이 어떤지, 행동 유형과 탁월성, 그리고 자신의 강점과 약점이 무엇인지를 찾게 해준다. 특히, 자신의 약점이 무엇인지를 알아야 그 약점을 보완할 수 있는 방법을 찾을 수 있다. 약점이 없는 사람은 없다. 하지만, 그 약점 때문에 자신이 갖고 있는 모든 역량을 단숨에 없애 버릴 수 있는 약점은 삶의 위기일 수 있기에 반드시 보완해야 한다. 엊그제 코칭한 학생은 다방면에 훌륭했다. 외국에서 살다 왔기에 영어 토익은 물론 스피치 성적 등 글로벌 역량도 뛰어났다. 컴퓨터공학을 전공하다 자퇴하고 항공정비기술을 배우기 위해 입학한 학생이었기에, 기술을 배우고자 하는 열정도 많았다. 강점 진단을 해보니, 가장 떨어지는 역량이 바로 팀워크였다. 자기만 잘하면 된다는 이기주의가 팽배한 학생이었다. 이런 학생은 스펙은 훌륭하다 하더라도 조직 생활하는 데 여러모로 힘들 수밖에 없다. 다른 사람을 존중하지 않으면 자신도 존중받지 못한다는 사실을 깨닫는 일. 자신의 생각을 바꾸는 것이 얼마나 중요한 일인지 스스로 답을 얻어가는 일. 짧은 시간 안에 생각을 바꿀 수 있게 하는 것이 바로 '코칭'이다.

관계에서 호감 주는 말

．
．
．

말을 머릿속에 담고 있으면 생각이고, 마음속에 담고 있으면 뜻이다. 말을 입으로 하면 언어라 하고, 몸으로 하면 표현이라고 한다. 말이 느린 사람은 행동도 느려 보이고 말이 빠른 사람은 두뇌가 명석해 보이는가 하면 남의 말을 잘 들어주는 사람은 아량이 넓어 보이고 남의 말을 중간에 가로채는 사람은 이기적인 사람으로 보이기도 한다. 이렇듯 말은 그 사람의 생각과 욕구를 대변하기도 하고 태도에 따라 말씨도 바뀐다. 부정적인 태도는 부정적인 말투를 낳고 좋은 태도는 좋은 말씨를 낳기 마련이다. 교양 있는 화법과 품위 있는 말은 타고난 재능이 아니라 만들어지는 것이다. 꾸준한 노력과 훈련을 통하여 나타나는 그 사람만의 절대적 가치라 할 수 있다. 따라서 대인 관계에 성공하려면 호감 주는 화법에 대해서 관심을 가지고 노력해야 한다. 그렇지 못하면 자기도 모르는 사이에 마치 버려 둔 정원에 잡초가 무성해지는 것처럼 말씨가 메마르고 거칠어진다.

빛나는 인품

．
．
．

    이상하게도 섭섭했던 일은 좀처럼 잊히지 않는데, 고마웠던 일은 슬그머니 잊히고는 한다. 반대로 내가 남에게 뭔가를 베풀었던 일은 오래도록 기억하면서, 남에게 상처를 줬던 일은 쉽사리 잊어버린다. 다른 사람에게 도움을 받거나 은혜를 입은 일은 기억하고, 섭섭했던 마음이나 원망을 잊어버린다면 삶이 훨씬 자유로워질 것이다. 고마운 일만 기억하고 살기에도 짧은 인생이다. 자식이 아무리 효도를 많이 한다 해도 부모가 흡족하게 받지 않으면 효도가 아니고, 주는 사람이 아무리 많이 준다 하더라도 받는 사람이 흡족해하지 않으면, 늘 부족함으로 남아 있을 수밖에 없다. 받는 마음을 어떻게 갖추느냐에 따라 행복하기도 하고, 불행하기도 하다. 만족하기도 하고, 불만스럽기도 하다. 고맙지 않은 것도 고맙게 받아들이면 고마운 것이 된다. 모든 것을 고맙게 기억하면, 마음에 평화가 오고, 인품에 빛이 날 것이다.

세일즈 능력

．
．
．

직장을 선택하기 전에 하는 세일즈 아르바이트는 최고의 아르바이트
이다. 세일즈를 통해 대인관계, 돈 벌기의 어려움 등을 깨달을 수 있다
면, 취직을 해서도 생존 경쟁력이 있게 될 것이다. 사람의 머리에는 '공부
머리'와 '일머리'가 있는데, 직장에서 중요하게 생각하고 성과를 낼 수 있
는 사람은 바로 '일머리'가 뛰어난 사람이다. 자녀에게 대학 졸업장과 자
격증과 스펙도 중요하지만 이보다 훨씬 중요한 일은 앞으로 세상을 살아
가면서 자신을 잘 팔 수 있도록 판매기술, 세일즈 능력을 가르치는 것이
다. 세일즈만큼은 하고 싶지 않다고 말하는 샐러리맨들 중 제대로 성공
하는 사람은 드물다. 세일즈란 물건을 팔기 이전에 자기를 파는 일이므
로 자기를 팔 수 있는 능력이 없는 사람은 성공하기 어렵기 때문이다.

취득하기 어려운 전문 자격증을 가진 사람일지라도 세일즈 능력 없
이는 제대로 된 자신의 실력을 발휘하기는 어렵다. 중소기업을 창업해
신제품을 개발하기만 하면 대박을 안겨다 줄 것이라는 꿈에 부푼 창업
자들도 있지만, 마케팅에 실패해 어려운 상황에 처하는 사례들이 발생
한다. 한국의 벤처기업들이 신기술을 개발해 놓고도 실패하게 되는 가
장 큰 원인은 제대로 된 세일즈 능력이 없어서이다. 대기업 임원으로 퇴
직하고 창업했다가 실패하는 이유이기도 하다. 대기업의 시스템으로 일
을 했던 것이 자신의 능력이라고 착각했기에 생긴 결과인 것이다.

사람과 사람 사이는

:

어렸을 때나 성인이 되고 나서 가장 기쁘고 행복하거나 평화로웠던 때가 언제일까? 누군가 나에게 많은 돈을 썼던 때인가? 아니면 나에게 시간과 관심을 쏟고 상호 간에 친밀함과 연결고리가 느껴져 활기가 넘쳤던 순간인가? 아마도 누군가가 나를 위해 돈을 많이 썼었을 때는 좋은 기분보다는 부담을 더 많이 느꼈을 것이다. 누군가에게 늘 받기만 했다면, 고마운 마음보다는 늘 빚진 기분이 들었을 것이다. 누군가에게 늘 주기만 한다면, 왠지 손해 보는 기분이 들기도 할 것이다. 그래서 사람과 사람 사이는 서로 '상보적 관계'가 가장 바람직한 관계인 듯하다. 저울로 달아서 똑같은 수평적인 관계가 아닌, 내가 조금 더 줄 수 있는 상보적 관계가 훨씬 더 즐겁고 행복할 수 있는 관계이다.

나누는 것은 꼭 물질적인 것만은 아니다. 물질적인 것보다 더 소중한 것은 바로 내 시간을 내어주는 일이다. 정신없이 바쁘게 살아가면서 다른 사람에게 줄 수 있는 가장 소중한 선물은 바로 '나의 시간'이다. 시간을 내어 전화와 문자를 하고, 시간을 내어 차 한잔 같이하고, 시간을 내어 밥 한 끼 같이하는 것이 행복한 삶을 누리는 비결일 것이다. 『아웃라이어』에서도 보면 장수하는 마을의 비결은 바로 많은 사람들과 만나고 대화하고 함께 식사하는 생활습관이라고 쓰여 있다. 많은 사람들과 함께하는 습관이 건강의 비결이라는 것이다.

마음의 자석 효과

·
·
·

　사람은 누구나 자기만의 빛을 발산하고 그 빛에 따라 각자 끌리는 사람이 달라진다고 한다. 그래서 '유유상종'이란 말이 있는 것 같다. 그 빛은 각자가 경험한 것과 세상을 보는 시각에 따라 달라진다고 하는데, 정신연구가 '뤼디거 샤헤'에 의하면, 자신이 느끼는 바에 따라 자신의 빛이 결정되고 그 빛을 찾는 사람들을 끌어들이게 된다고 한다. 혹시 누구에게나 끌리는 사람으로 인식되고 싶다면, 마음속에 스위치 하나를 상상하고, 발산하고 싶은 빛에 그 스위치를 맞추면, 바로 그 빛이 발산되어 끌어들이고 싶은 사람을 끌어들일 수 있게 된다고 한다. 그것을 '마음의 자석' 효과라고 한다.

신언서판 身言書判

:

　우리 사회에서는 훌륭한 사람보다는 유능한 사람을 더 찾게 되고, 유능한 사람보다는 필요한 사람을 더 선호하게 된다. 경력이 많다 해도 능력이 없으면 인정받기 어렵고, 학벌이 좋다 해도 실력이 없으면 제대로 대우받기 힘든 세상이다. 자소서 코칭과 면접코칭을 하면서 꼭 해주는 이야기가 있다. "회사에서 필요로 하는 인재는 훌륭한 업무수행 능력과 근면성실성이 있고 인간관계가 원만한 사람이며, 조직에 대한 기여도가 있는 사람이다." 결국 자소서는 이렇게 4가지 조건에 자신이 어떻게 부합되는지, 이런 인재가 되기 위해 자신이 어떤 노력을 했고 어떤 성과를 만들어냈는지를 쓰는 것이다.

　자소서는 꼭 회사 입사할 때만 쓰는 것이 아니라, 누군가를 만나서 자신을 소개할 때도 꼭 필요한 일이다. 평소에 내가 어떤 가치관을 갖고 살아가는지, 기질과 강점이 무엇인지, 어떤 탁월성이 있는지, 어떤 업무수행 능력과 역량이 있는지에 대해 잘 정리해두면, 비즈니스 하는 데 있어서 많은 도움이 될 수 있다. 내가 평소에 어떤 사람인지가 잘 정리되어 있지 않으면 중언부언하게 될 것이고, 상대방에게 제대로 나를 어필하지 못하게 되어 소중한 기회를 얻지 못하게 될 것이다. 짧은 시간 안에 상대방에게 신뢰를 줄 수 있는 방법은 평소에 내가 어떤 사람인지를 잘 정리해두는 일이다. 사람의 평가기준을 용모와 언행, 지식 정도, 판단 능력 등 당나라 시대의 신언서판身言書判이라는 관리 등용문의 덕목에 서도 찾아볼 수 있다.

인연의 다리

·
·
·

　영국 속담에 다리를 놓으면 그 다리를 계속 건널 수 있다는 말이 있다. 세상은 거미줄처럼 네트워크로 연결되어 가고 있다. 조 지라드의 법칙에 의하면, 한 사람이 미칠 수 있는 인간관계의 영향이 250명이라고 했다. 한 사람을 대할 때 250명 대하듯 해야 한다는 의미기도 하다. 살아가면서 인간관계를 잘할 수 있는 비결은 알고는 있어도 실천하기가 어렵다.

　그래서 더욱 대인관계지수를 높이는 일은 중요한 것이다. 대인관계 지수를 높이기 위해서는 다음 몇 가지 사항이 꼭 필요하다. 상대방을 먼저 배려하고, 몸을 낮추고 상대방과 윈윈 할 수 있는 협동정신이 있어야 한다. 세상에 공짜는 없다. 내가 주지 않았으면 받을 생각도 말아야 한다. 내가 먼저 주려는 마음이 있어야 좋은 인간관계를 만들어 갈 수 있다. 상대방이 요구하기 전에 상대방이 무엇이 필요한지를 살펴볼 수 있는 사려심이 필요하며 칭찬과 격려를 아끼지 않아야 하고, 사소한 것이라도 늘 감사함을 표현해야 한다. 아무리 고맙더라도 표현하지 않으면 상대방이 알 수 있는 방법이 없다. 결국 긍정적인 생각으로 역지사지易地思之 할 수 있는 마음이 있어야 좋은 대인관계를 이루어 갈 수 있는 것이다. 내가 원하는 것을 상대방에게 줄 수 있어야 좋은 벗을 만날 수 있다. 또한, 내가 원하는 것이 상대방도 원하는 것인지 헤아릴 수 있는 사려심이 있어야 오랫동안 좋은 관계를 유지해 나갈 수 있는 것이다.

메타 인지 능력

.
.
.

자신감이 있다는 것은 자신의 약점과 강점을 잘 알고 있음을 의미한다. 바로 '메타 인지 능력'이 뛰어난 사람이다. '메타 인지 능력'이란, 자신이 무엇을 알고 무엇을 모르는지를 아는 것이다. 자신감이 있는 사람들은 자신의 강점을 키우고 약점을 보완하려 노력한다. 자신을 잘 아는 사람은 늘 여유가 있어서, 상대방의 약점을 비난하거나, 저울질하지 않으며, 결코 자신과 같이 변화하라고 강요하지도 않는다.

자소서 코칭을 할 때 제일 먼저 해주는 일이 자신의 삶의 나침반인 '가치관'이 무엇인지를 찾게 해주고, 타고난 '기질'과 평소의 '행동 유형'을 파악하게 해주는 것이다. 자신도 몰랐던 자신의 '가치관'과 '기질'과 '행동 유형'을 아는 것만으로도 삶의 방향이 달라질 수 있는 것이다. 그런 다음에는 자신의 강점과 약점을 파악할 수 있게 도와준다. 업무 능력에 있어 가장 중요한 부분이다. 자신의 강점과 약점이 무엇인지를 알아야 회사 업무를 하는 데 있어 리스크는 최대한 줄일 수 있고, 강점은 최대한 발휘할 수 있을 것이기 때문이다.

대부분은 자신의 '가치관', '기질', '행동 유형'과 강점과 약점을 잘 모르기 마련이다. 자신을 객관적 도구로 평가해 본 적이 없기 때문이다. 자신이 어떤 사람인 줄도 모르는데, 다른 사람에게 자신을 제대로 소개할 수도 없고, 다른 사람과 협업하기도 어렵고, 서로 다름을 인정하기는 더

욱더 어렵다. 세상에는 모두 강점만을 지닌 사람도 없고, 모든 일을 완벽하게 잘해내는 사람은 없다. 그래서 동반자가 필요한 것이다. 서로의 강점을 키워 주고, 서로의 약점을 보완해 줄 수 있는 파트너를 만날 수 있는 인연은 인생에 있어 가장 큰 무형의 자산일 것이다.

신용과 신뢰

．
．
．
．

　세상에는 신용할 수 있는 사람과 신용할 수 없는 사람이 있다. 신용이라는 것은 다른 사람의 기대에 어긋나지 않는 데서 얻어지는 것이다. 아무리 본인이 일을 잘 해낼 수 있다고 떠벌리더라도 실제로 결과가 좋지 못하면 아무도 신용해 주지 않을 것이다. 주위에서 '저 사람이라면 일을 맡겨 놓아도 안심이 된다.'는 말을 들을 정도가 되어 그 기대에 어긋나지 않게 일을 해냈을 때에야 비로소 신용이 생긴다. 즉, 신용은 자기 자신이 장담하는 것이 아니라 상대방이 인정하는 것이다. 신용을 얻고 그 일에 대해 믿음만큼 잘 해낼 수 있을 때 신뢰가 쌓인다. 신용과 신뢰는 늘 한결같을 때 비로소 뿌리를 내릴 수 있다.

잘 맞는다는 것은

.
.
.

　며칠 전 발 사이즈에 맞춰서 새로 산 구두가 그렇게 발이 불편할 수가 없다. 분명 신어 보고 제 발에 잘 맞는다고 생각해서 샀는데도 말이다. 그전에 신었던 신발은 조금도 불편하지 않았었는데 똑같은 크기의 신발을 사 신었는데도 발이 불편한 것을 보면, 맞는다는 것은 사이즈가 같음을 말하는 게 아닌가 보다. 잘 맞는다는 것은 단순히 폭과 길이가 같다는 걸 말하는 게 아닌 것이다. 맞는다는 것은 어쩌면 조금 헐거워지는 것인지도 모르겠다. 서로 조금 헐거워진다는 것은 서로가 서로에게 편안해지는 것, 서로가 서로에게 잘 맞추었다는 것일 게다. 오랜 친구가 편한 이유이기도 하다. 자로 잰 듯 깍듯함보다는 털털한 모습이 더 편안하고 더 쉽게 가까워지기 마련이다. 분명한 것도 좋지만, 지나치게 깐깐하면 함께 있는 것이 불편할 수밖에 없다. 너무 깨끗한 물에는 고기가 살지 못하는 것과 같은 이치이다.

더불어 함께 건강한 숲

．
．
．

　건강한 사람이란 건강한 숲과 같다. 건강한 숲에는 열매가 많이 열려 수확의 기쁨을 주는 나무도 많지만, 열매를 맺지 못하는 나무도 살고, 오히려 열매를 방해하는 동식물도 아주 많다. 열매를 맺지 못한다고 해서, 열매 맺는 식물을 방해한다고 해서 모두 치워버린다면, 숲의 생태계는 얼마 지니지 않아 망가지고 말 것이다. 이렇듯 건강한 사람은 다양하게 품어낼 수 있는 사람이다. 자신에게 꼭 필요한 사람뿐만 아니라, 걸림돌이 되는 사람이라 하더라도 자연스럽게 품어내어 함께 갈 수 있는 균형 잡힌 성격을 가진 사람이 진정으로 건강한 사람이다.

　그전에 영업 조직에 있을 때 상위 20%가 하위 80%의 업적을 하는 것을 보고 상위 20%만 데리고 일하면 상당히 효율적이라는 생각을 한 적이 있었다. 하지만 하위 80%가 있기에 상위 20%가 존재할 수 있다는 것을 머지않아 깨달을 수 있었다. 하위 80%가 성과 부분에 있어서는 미미하지만, 그 나름대로 조직에 기여하는 바가 있었기 때문이다. 지금 내 생각과 맞지 않는다 하여 폄하하고, 지탄하고, 모두 치워버린다면 삶의 생태계는 무너지고 말 것이다. 건강한 인생의 숲은 서로 다름을 인정하고 배려하고 보듬으며 더불어 함께 살아야 하는 사회인 것이다.

손바닥을 펴라

•
•
•

길을 잘못 든 것 같은 생각이 들거나, 마음먹은 일이 제대로 되지 않거나, 적성에 맞지 않는다는 생각이 들 때, 우리는 으레 딴 곳을 보게 마련이다. 현실에서 벗어나고 싶은 생각 때문이다. 그러나 냉정하게 생각해 보면 대개의 경우 주변 환경이나 조건이 나쁘기 때문이 아니라, 자신의 태도가 잘못되었기 때문임을 알 수 있다. 틀에 박힌 것을 좋아하지 않으면서도 평소에 자신이 갖고 있던 생활태도나 마음가짐을 바꾸지 않았기 때문이다. 다른 사람에게는 바꾸라고 하면서 자신은 바꾸려 하지 않기 때문에 일어난 일일 수 있다. 어떤 일을 하게 되었을 때는 늘 겸손한 마음을 잃지 않아야 하며, 내 욕심보다는 상대방을 배려하는 태도가 상대방의 마음을 움직이게 한다. 내 이익을 챙기려는 마음보다 서로 윈윈 할 수 있는 마음가짐이 결국 서로에게 좋은 협상결과를 이루어 낼 수 있다. 혹시 지금 안 좋은 일을 겪고 있다면, 잔뜩 움켜쥐고 있었던 손을 한번 펴보자. 손을 펴고 있어야 내 것을 나눌 수도 있고, 누군가의 도움도 받아들일 수 있다.

인간관계

* * *

　무슨 일이 생겼을 때 어린이에게도 사과할 수 있는 사람이 있는가 하면, 노인에게도 고개를 숙이지 못하는 사람이 있다. 실수하기는 쉬운 일이지만, 자신의 실수를 인정하기는 매우 어려운 일이다. 또한 같은 실수라도 자신이 먼저 발견하고 고치는 것과, 상대방에게 먼저 발견되어 지적당하는 것은 큰 차이가 있다. 스스로 알아차리고 고치려 하지 않고 다른 사람에게 지적을 당하면, 부끄러움과 자존심에 상처를 입게 되기 때문이다. 이런 모든 것들을 다 감내하면서 상대방에게 고개를 숙일 줄 아는 사람이 삶의 성공자이고, 훌륭한 인품의 소유자이다. 살아가는 것이 경쟁인 요즘, 세상엔 영원한 적도 영원한 동지도 없다. 때로는 서로 나쁜 관계에 있다 하더라도 같은 처지에 놓여 어쩔 수 없이 협력해야 하는 '오월동주吳越同舟'도 감내할 수 있어야 하고, 원칙을 위하여 자기가 아끼는 사람을 버리기도 하는 '읍참마속泣斬馬謖'이 필요할 때도 있다. 하지만 어떤 경우라도 나와 인연을 맺은 모든 사람들은 내 인생의 '반면교사'로서 나를 성장시키는 데 도움을 주는 사람이다.

노동의 가치

•
•
•

영국의 IBM 컴퓨터 제조 현장에서 노동자들 사이에 관리자들에 대한 불평불만이 돌았다. 관리자들은 일다운 일도 안 하면서 임금만 받는다는 불만이었다. 어느 날 새로 온 현장감독이 공장에 와서 하루 종일 노트북 조립라인에 앉아 있었다. 그가 조립라인에 있는 직원에게 도움을 요청하자 누군가가 물었다. "기계에 대해서는 하나도 모르면서 나보다 훨씬 더 돈을 많이 받는 이유가 뭡니까?" 그의 대답은 간단했다. "당신이 치명적인 실수를 저지르면 당신만 직장을 잃겠죠. 하지만 내가 치명적인 실수를 저지르면 3천 명이 직장을 잃습니다." 이 현장감독의 말 한마디로 관리자들이 게으르며 지나치게 높은 임금을 받는다는 불평불만을 잠재웠다.

보일러가 고장이 났는데, 아무리 둘러봐도 어디가 고장이 났는지 알수가 없었다. 할 수 없이 기술자를 불렀다. 기술자는 여기저기 둘러보더니, 보일러 한 군데를 망치로 몇 번 두드렸고, 신기하게도 고장 났던 보일러가 작동하기 시작했다. 보일러 수리공은 수리비를 100달러나 달라고 하였다. 조금 억울한 생각이 든 주인은 망치로 보일러를 몇 번 두드

260

린 것밖에 한 것이 없는데 100달러는 너무 비싼 거 아니냐고 했더니, 수리공은 "어디가 고장 났는지 알아내는 데 99달러, 두드린 값 1달러입니다."라고 대답했다.

우리는 노동의 가치에 대해서 '갑론을박'할 때가 있다. 어떤 일이든 중요하지 않은 일은 없지만, 그 일이 어떤 책임을 지게 되는지, 그 일이 누구나 할 수 있는 일인지에 대한 전문성이 중요한 가치를 결정하는 요인이 된다.

링겔만 효과

독일 심리학자 링겔만은 집단 속 개인의 공헌도를 측정하기 위해 줄다리기 실험을 해봤다. 1 대 1 게임에서 1명이 내는 힘을 백으로 할 때 참가자 수가 늘면 개인이 어느 정도의 힘을 쏟는지를 측정했다. 측정결과 2명이 참가하면 93, 3명이 할 때는 85로 줄었고 8명이 함께할 때 한 사람은 49의 힘, 즉 혼자 경기할 때에 비해 절반밖에 내지 않았다. 참가하는 사람이 늘수록 1인당 공헌도가 오히려 떨어지는 이런 집단적 심리 현상을 '링겔만 효과'라고 한다. 자신에게 모든 책임과 권한이 주어져 있는 1 대 1 게임과는 달리 '여러 명' 가운데 한 사람에 불과할 때 사람은 전력투구하지 않는다는 것을 알 수 있는 실험이다.

권한을 줄 때 나눠서 줄 것인지, 한 사람에게 전권을 줄 것인지를 생각해 볼 수 있다. 익명성이라는 환경에서 개인은 숨는다.

미국에선 다른 실험이 있었다. 한 청년이 일광욕을 즐기던 휴가객 바로 옆에서 녹음기를 틀어 놓고 음악을 즐기다 바닷물에 뛰어든다. 다음엔 도둑 역할을 맡은 사람이 녹음기와 옷가지 등 그 청년의 소지품을 챙겨 슬그머니 달아났다. 누가 봐도 도둑임에 분명했지만 20회 실험 중 단 4명만이 그 '도둑'을 잡으려고 시도했다. 똑같은 상황인데 하나만 바꿔보았다. 청년이 바닷물에 뛰어들기 전 "제 물건 좀 봐주세요."라며 직접 부탁을 했다. 그랬더니 놀랍게도 거의 전부랄 수 있는 19명이 도둑을 잡으려고 위험을 무릅썼다. 미국 심리학자 '로버트 치알디니' 박사는 이것을 '일관성의 원리'로 해석했다. 지켜주겠다고 약속한 만큼 자신의 말에 일관성을 유지하기 위해 애쓰게 된 결과라는 것이다.

자신이 여러 명 중의 한 명, 또는 주목 받지 않는 방관자로 취급받을 때 사람은 의식적이든 무의식적이든 최선을 다하지 않게 된다. 반대로 혼자만의 책임일 경우나 자신이 그렇게 하겠다고 약속한 경우에는 위험까지 감수한다. 회사나 조직은 개인들이 각자 활동할 때보다 더 큰 힘을 발휘할 수 있을 것이라는 기대로 만든 집단이다. 그러나 대개의 경우 전체의 힘은 개인의 힘의 합보다 적어질 때가 있다. 이런 현실에서 경영자의 과제는 무엇일까? 그것은 개인에게 '주인 의식'을 심어주는 것이다. 방관자가 되지 않도록, 익명의 커튼 뒤에 남겨지는 일이 없도록 배려하는 일이다. 주인의식은 절대 상투적인 당위가 아니다. 문제는 주인의식이 어지간한 장치로는 생겨나지 않는다. 개인에 대한 따뜻한 관심, 책임과 함께 권한을 분명히 해줄 때 '몰입'이 생겨나는 것이다.

진정한 소통의 법칙

.
.
.

소통의 대가들은 자신과 다른 사람들을 대할 때 한 가지 방법만을 사용하지 않았다. 각자 독특한 자기만의 방식을 따랐으며 사람에 따라, 시기와 장소에 따라 다양하게 적용했다. 누구나 비슷한 사람과 어울리려고 하는 심리적인 요인이 있는데, '소통의 심리학'에서는 이것을 '티타늄의 법칙'이라고 한다. 티타늄은 여러 금속이나 신소재의 장점들만 골라서 지니고 있다고 할 정도로 우수한 특성들을 지니고 있는 팔방미인 신소재이다. '티타늄 법칙'은 누구나 비슷한 사람과 어울리려고 한다는 사실에 근거를 두고 있다. 서로 다른 사람들과 어울리는 방법은 서로 비슷한 점을 찾아내고, 공통점을 더욱 많이 만들어 가는 것이다. 상대의 자세와 몸짓, 눈빛, 어조, 말하는 속도, 스타일, 자주 사용하는 말, 기대치, 가치 또는 믿음에 자신을 맞추려고 노력하면 할수록 서로의 공통점은 늘어나게 마련이다.

티타늄 법칙에 따라 행동하려면 생각부터 바꾸어야 한다. 공감할 줄 알고, 남을 의식하며, 이해할 줄 알아야 한다. 상대에 대한 지식을 바탕으로 자신의 방식을 조정하고, 바꾸며, 수정해 더욱 깊은 관계를 맺을 방법을 찾아내는 것이 '티타늄 법칙'이다. 또한, 사람들과 좋은 관계를 유지하기 위해서는 상대방에 대한 다양한 정보를 알고 있어야 한다. 천성적으로 직선적인 성격인가, 아니면 외교적인 성격인가? 논리적인가, 감정적인가? 격식을 중시하는 성격인가, 그렇지 않은가? 느긋한 사람인가, 아니면 집중력이 뛰어난 사람인가? 자유분방한가, 아니면 자제력이 강한가? 등 소통을 잘하기 위해서는 상대방 중심으로 대화를 이끌어가야 하고, 상대방을 잘 파악해야 한다.

누구나 모두 자신이 관심을 받는 것을 좋아하기 때문에 대화할 때 자신도 모르게 내 말을 더 많이 하게 마련이다. 정말로 상대방과 친해지고 싶고, 잘 소통하고 싶다면, 내가 하고 싶은 말이 많더라도 꾹~ 참고 질문을 통해 상대방이 더 많이 자신의 이야기를 할 수 있도록 하고, 상대방의 의도를 잘 파악할 수 있도록 경청을 해야 한다. 3-2-1 법칙, 3번 듣고 2번 맞장구치고, 1번만 내 이야기를 하는 것이 진정한 소통의 법칙이다.

지적질에 대하여

우리는 살아가면서 늘 누군가를 질책하고, 또 질책을 받으며 살아가고 있다. 일명 '지적질'이라 한다. 지적을 할 때는 모르고 하지만, 지적을 받았을 때 기분 좋은 사람은 아무도 없을 것이다. 사람의 의식체계는 의식과 무의식으로 나눠지는데 90% 이상은 의식이 아닌 무의식이 지배하고 있다. 지적을 자주 당하는 사람의 무의식은 자신이 지적당하는 사람이라는 인식을 하게 되고 무의식은 인식한 정보에 따라 자신이 지적받는 상황을 끊임없이 만들어낸다고 한다. 지적을 자주 당하는 사람은 무의식에 의해 무능하고 뒤떨어진 인간으로 전락하는 심리적 요인이 있다는 것이다. 이는 부모 자식 간에도 마찬가지로 적용되는데, 지적질을 잘하는 까칠한 부모 밑에서 자란 아이들은 무능하고 삐뚤게 성장할 가능성이 크다. 매사 장점보다는 단점을 먼저 보게 되어, 본인도 '지적질 대마왕'으로 등극할 확률이 높다는 것이다.

심리학에서 보면, 내 안에 있는 어떤 마음을 타인에게서 발견하고 그 사람한테 있다고 지적질 하는 것을 투사projection라고 하고, 바깥에 존재하는 어떤 룰이나 기준들을 내 것으로 가져와서 내 것으로 느껴버리는 것을 내사introjection라고 한다. 결국 지적질 하는 심리는 내 안의 문제를 밖으로 끄집어내어 표출하는 경향이 많음을 의미한다. 그런데 꼭 해야 할 질책이라면 바르게 질책하는 것이 바람직하다고 생각한다.

바르게 질책하는 10가지 지침

1. 질책하려면 가능한 빨리 하라. 잘못된 일을 지적해서 고치는 일을 가능한 빨리 해야 하는 또 다른 이유는 상대방과 그 일의 세부적인 부분에 대하여 언성을 높일 필요가 없어지기 때문이다.

2. 잘못한 일과 사람을 구별하라. 질책할 때 잘못한 사람보다는 잘못한 일에 대해 지적한다. 사람에 대해서는 계속 격려하고 후원해 주어야 한다.

3. 바뀔 가능성이 있는 부분만 지적하라. 도저히 바뀔 가능성이 없는 부분을 바꾸라고 지적한다면, 그는 깊은 좌절감을 느끼게 될 것이고 관계도 소원해질 것이다.

4. 그 사람에게 정황을 설명할 기회를 주라. 항상 사람들의 동기가 올바르고 그 올바른 동기로 일한다는 가정 아래서 일을 시작하라. 이미 벌어진 일에 대해 여러 가지 해석이 가능하거나 분명하지 않은 일에 대해서는 충분히 시간을 주고 설명을 듣는다.

5. 구체적으로 하라. 지적하여 바로잡으려는 사람에게 구체적으로 지적한 부분만 바로잡는다. 바로잡아야 할 부분을 구체적으로 지적하지 못한다면, 당신은 옳지 않은 가정을 이용하는 것이다.

6. 비꼬는 것은 금물이다. 사람을 비꼬는 것은 그 사람의 행동이 아니라 그 사람에게 화가 났다는 표시다. 행동을 지적해야 할 때, 절대로 비꼬는 말투를 사용하지 않는다.

7. '항상'이라든가 '절대로' 같은 과격한 말은 피하라. 누군가에게 특정한 행동을 절대 하지 말라고 하면, 상대방에게 생각하고 판단할 수 있는 여유를 주지 않고 지시한 규칙만 맹목적으로 따르도

록 하는 결과를 초래한다. 과격한 말로 행동 자체를 규정하기보다는 행동의 원칙을 알려 주어 상황에 따라 원칙을 염두에 두고 적절한 행동을 할 수 있도록 한다.

8. 잘못된 것에 대해 당신이 어떻게 느끼는지 말하라. 어떤 사람의 행동이 나의 감정을 상하게 했다면, 그 자리에서 즉시 말한다. 그 자리에서 즉시 해결하는 것이 감정을 쌓아 두었다가 다시 그 감정을 풀기 위해서 옛 일들을 돌이키는 것보다 낫다고 생각한다.

9. 문제 해결 방안을 제시하라. 주위 사람들이 실패하기보다는 성공하도록 도와야 한다. 그의 문제를 지적하여 바로잡아 줄 수 있다면, 모두에게 유익한 일이다.

10. 그 사람을 동료와 친구로 인정해 주라. 어떤 문제를 지적하려 할 때 샌드위치를 준비하듯이 준비하라. 샌드위치 가운데 고기를 넣듯 지적하고 싶은 점을 얘기 중간에 말한다. 그리고 고기 양쪽을 빵으로 싸듯이 격려와 그를 인정해 주는 말들로 시작하고 마감하라.

[출처: Developing The Leaders Around You By John C.Maxwell]

우린 다른 사람의 잘못에 대해 많은 부분을 질책하며 생활한다. 배우자, 자녀, 친구, 직원 등 그 질책은 상대방의 잘못을 지적함으로써 똑같은 잘못을 저지르지 않게 하려는 의도를 갖고 하는 것이지만, 대부분은 내 의도와는 다른 결과를 초래하는 경우가 허다하다. 그건 제대로 된 질책을 하지 않았기 때문이다. 상대방의 잘못을 묵과해서는 안 될 경우에는 제대로 된 질책과 코칭으로 바람직한 대인관계를 만들어 나갈 수 있다.

네 가지 질문

.
.
.

어떤 일을 결정하거나, 힘든 상황이 생겼을 때 돌파하는 방법은 여러 가지가 있지만 네 가지로 압축해보면, 첫째는 자신을 향해서 질문을 하는 것이다. 스스로에게 질문을 하면 통제가 된다. 내가 이 일을 잘 해내기 위해서는 무엇을 어떻게 해야 될지를 알게 된다. 둘째는 동료에게 질문을 하는 것이다. 동료에게 질문을 하면 우정 어린 답을 얻을 수 있다. 셋째, 전문가에게 질문을 하는 것이다. 전문가에게 질문을 하면 내가 보지 못했던 시각에서 볼 수 있도록 방향을 바꾸어 준다. 넷째, 전혀 다른 계통에 있는 사람에게 질문을 하는 것이다. 전혀 다른 계통에 있는 사람에게 질문을 하면 선입관 없이 객관적인 피드백을 얻을 수 있다. 만약 내가 질문을 했는데 원하는 답이 나오지 않았을 때는 그 이유가 무엇인지 한 번쯤 되돌아보아야 할 것이다.

．
．
．
．

8

차이가
가치

성공하고 싶은 사람이 극복해야 할 16가지 약점

:

* 자기가 무엇을 바라고 있는지 모르고 설명도 하지 못한다.
* 무엇이건 내일로 미룬다.
* 공부하고 싶은 마음 즉, 지식을 쌓고 싶은 의욕이 없다.
* 우유부단하여 정면으로 일과 대결하고자 하지 않고, 모든 것을 책임 전가한다.
* 문제를 해결하기 위한 명확한 계획을 세우려고 하지 않고 구실을 찾아 발뺌을 한다.
* 자기만족처럼 불행한 것은 없다. 이것만은 구제할 방법도 없거니와 가능성도 없다.
* 중요한 문제가 생겼을 때, 직면하여 싸우려고 하지 않고 안이하게 타협하려는 태도의 근본 원인은 무관심에 있다.
* 남의 잘못은 혹독하게 책망하나 자기 잘못은 여간해서 인정하려 하지 않는다.
* 소망이 빈약해서 게으름뱅이처럼 안일한 타성에 젖어 있다.
* 조그만 실패를 구실 삼아서 다시 시도하려고 하지 않는다.
* 계획을 종이에 쓰려고 하지 않는다. 이래서는 분석도 반성도 하지 못한다.
* 눈앞에 아이디어가 번뜩이거나 기회가 와도 손을 내밀어 잡으려고

하지 않는다.

* 멋있는 꿈만 그릴 뿐 아무 일도 하려고 하지 않는다.
* 노력하는 것보다는 그냥 이대로 지내는 편이 좋다고 생각한다. 이런 사람에게는 "이렇게 되고 싶다." "이렇게 하고 싶다." "이것이 갖고 싶다."는 큰 뜻이 결여되어 있다.
* 애써 얻으려고 하지 않고 도박이나 투기 따위의 요행을 찾는다.
* 타인의 생각, 행동 발언 등이 마음에 걸려 즉, 비난받을 것이 두려워 결국은 아무 일도 하지 않는다.

특히 마지막은 이 16가지 약점 중에서 가장 큰 적이다. 왜냐하면 이것은 눈에는 보이지 않으나 어느 누구에게나 잠재의식 속에 반드시 도사리고 있는 것이기 때문이다.(『놓치고 싶지 않은 나의 꿈 나의 인생』 중에서, p.221)

가끔 내 안을 가만히 들여다보면 나를 합리화하는 나약함이 고개를 빳빳이 세울 때가 있다. 찢어지게 가난한 사람이 신에게 자신한테도 부자가 될 수 있는 기회를 달라고 간절히 기도를 했다. 신께서는 그 마음이 너무 절절해서 기회를 주셨다. 새벽에 눈 똑바로 뜨고 제일 먼저 문턱을 넘는 말을 잡으라는 것이었다. 하지만, 첫째 말은 너무 빨라 놓쳤고, 둘째 말은 지루함을 못 견디고 한눈팔다 놓쳤고, 셋째 말은 투덜대다 놓쳤으며, 마지막에 천천히 가는 네 번째 말을 겨우 한 마리 잡을 수 있었다. 첫 번째 말은 갑부, 두 번째 말은 부자, 세 번째 말은 평범, 네 번째 말은 가난이었는데, 결국 가장 쉬운 말을 잡고 보니 또 가난이었다. 삶에 있어 대가를 치르지 않는 무임승차는 결국 가난이라는 족쇄를 채우는 것이었다. "세상에 공짜는 없다."

설득의 힘

．
．
．

사람들을 움직여서 무슨 일이든 하게 만드는 방법에는 여러 가지가 있다. 법이나 돈을 사용하는 방법, 감정적인 힘이나 물리적인 힘을 사용하는 방법, 그리고 육체적 아름다움으로 유혹하거나 설득하는 것이다. 이 중에서 가장 효과적인 것은 바로 설득이다. 설득은 보다 강력하고, 빠르며, 비용도 적게 들면서 결과는 또 엄청나게 효과적이다. 아리스토텔레스는 진정으로 효율적인 설득에는 3가지 요소가 반드시 포함되어 있어야 한다고 했다. 진심Ethos과 논리Logos, 감정Pahtos이다. 제대로 설득하려면 먼저 좋은 인상을 심어준 다음, 행동(보디랭귀지나 목소리)을 통해 신뢰를 쌓고, 명백하게 논리적으로 다가가 상대방의 감정을 이끌어 내야 한다는 것이다. 세 가지 요소의 비중에 있어서는 이토스 60%, 파토스 30%, 로고스 10%이다. 사람을 설득하는 데 있어 논리적인 설득은 10%밖에 되지 않는 것을 보았을 때 내가 누군가를 설득할 때 어디에 중점을 두어야 하는지를 잘 생각해 봐야 할 일이다. 강요란 내가 원하는 일을 다른 사람이 하도록 시키는 것이고, 설득이란 내가 원하는 일을 다른 사람이 하고 싶게 만드는 것이다.

지혜롭게 화내기

．
．
．

우리는 흔히 다른 사람에게 언짢은 이야기를 듣거나 다른 시작이 자존심을 건드리면, 흥분하고 화가 나서 감정적으로 대하게 된다. 감정 노동자란 서비스업에서 종사하는 사람들뿐만이 아니며 일에 있어서나, 갑과 을의 관계에 있어서나, 어떤 경우에서든 감정을 다칠 일이 생기게 되므로 누구나 감정노동을 하는 것이라 생각할 수 있다. 이럴 경우, 감정을 다치지 않으면서 슬기롭고 지혜롭게 대처하는 방법을 알고 있다면, 대인관계나 회사업무에 있어서 많은 도움이 될 수 있을 것이다.

지혜롭게 화내는 12가지 방법

1. 이성적인 사고, 효과적 방어를 위해 다른 사람의 기분에 좌우되지 마라.

2. 사냥감이 되지 않으려면 당당하게 말하라.

3. 화가 나면 심호흡을 한 후 자신의 주위에 공간을 두며 시간적 여유를 갖고 빨리 응대해야 한다는 강박감에서 벗어나라.

4. 상대의 자극적인 말을 무시해라. 오히려 친근하게 웃어주어라. 상대가 부주의하게 내뱉은 말은 아예 무시하고 잊어라. 상대를 제풀에 지쳐 떨어지게 한다.

5. 신경에 거슬리는 상대의 말에 아무 말 하지 말고 완전히 다른 화

제로 돌려라.

6. 한마디로 받아쳐라 → "그래서 어쨌다는 거예요?" "아하~! 그래~!" 정도

7. 속셈을 드러내지 마라 → 엉뚱한 속담을 인용하는 것도 좋다.

8. 되물어서 독기를 빼라 → 나에게 상처를 주려는 말이 무슨 뜻인 지 상대에게 그 즉시 되물어라.

9. 마음의 균형을 잃게 하라 → 상대를 칭찬해 궁지로 몰아넣을 수 도 있다.

10. 감정적으로 받아치지 말라 → 상대의 현재 상태를 그대로 지적하라.

11. 모욕적인 말은 저지하라 → 모욕적인 말이 무엇인지 분명히 말 하고 사과를 요구하라.

12. 핵심을 명확하게 → 간단명료하게 말하라.

우리의 뇌는 생명의 위협을 느낄 때는 파충류의 뇌로, 감정적으로 흥분할 때는 포유류의 뇌로, 논리적이고 이성적일 때 비로소 인간의 뇌로서 정확한 판단을 할 수 있다. 상대방이 지나치게 화가 나 있을 때, 이성적이거나 논리적인 대화가 불가능할 수밖에 없는 이유이다. 상대방이 화가 났다고 나까지 함께 휘둘리면 결국 서로 언성만 높일 뿐, 제대로 된 소통이 불가능할 수밖에 없다. 특히 상대가 고객일 때는 일단은 파충류나 포유류의 뇌 상태에서 인간의 뇌로 돌아올 수 있게 한 뒤 응대하는 것이 바람직하다.

"KEEP IT SIMPLE & STUPID"

•
•
•

위대한 연설가들이 공통적으로 지킨 원칙을 정리한 말이 있다. 그것은 "KISS"이다. "Keep It Simple&Stupid(단순하게, 그리고 머리 나쁜 사람도 알아듣게 하라)"는 말을 축약한 것이다. 세계적 지도자들의 연설에는 진부한 표현, 과장된 문장, 전문용어, 유행어들이 전혀 들어 있지 않다. 평이하고 단순한 표현으로 감동적인 연설을 할 수 있는 사람이 바로 소통의 달인이다. 바로 '스틱'의 기술이다. 머리에 탁 꽂히게 하는 말, 소통을 잘하기 위해서는 매사 말을 간단명료하게 하고 쉽게 표현하는 연습을 하는 게 정말 중요하다.

지혜로운 '삶의 처세술'

⋮

　다른 사람의 결점을 교정해 주려는 마음씨는 분명히 칭찬받을 만한 것임이 분명하다. 우리는 다른 사람의 잘못된 점을 제대로 지적해주는 비난을 '선의'라고 자기 합리화할 때가 있다. 그러나 남을 비난하기 전에 먼저 자신을 되돌아보아야 할 것이다. 인정하고 싶진 않지만, 내 마음속에는 분명 내가 싫어하는 상대방이 갖고 있는 단점이 도사리고 있기 때문이다. 상대방이 못마땅한 것은 상대방에게서 보이는 단점이 내 안에도 도사리고 있을 확률이 아주 높다. 상대방이 잘난 체하는 꼴이 보기 싫으면, 나도 인정받고 싶은 인정욕구가 있기 때문이고, 상대방이 있는 척하는 꼴이 보기 싫으면, 내 안에도 과시하고 싶은 욕심이 있기 때문이다. 상대방을 비난하는 행위는 다이너마이트를 짊어지고 자존심이라는 불길 속으로 뛰어드는 것처럼 어리석은 행동이다. 내가 상대방을 비난하고 폄하할 자격이 있는지, 다른 사람에게 비난받지 않을 충분한 자격이 있는지 한 번쯤 되돌아보는 시간이 중요하다. 내가 받고 싶은 칭찬과 격려와 희망과 지지를 상대방에게 주는 것이 지혜로운 '삶의 처세술'이다.

자기조절 능력과 대인관계 능력

．
．
．

　어려운 일을 겪고 나면, 그 일을 기회로 도약하는 힘이 바로 '회복탄력성'이다. '회복탄력성'은 크게 두 가지로 나뉘는데, 첫 번째는 '자기조절 능력'이고 두 번째는 '대인관계 능력'이다. '자기조절능력'은 감정 조절과, 충동 억제, 원인 분석을 잘하는 것을 의미하고, '대인관계능력'은 소통능력, 공감능력, 자아확장력을 의미한다. 이 중에서 가장 주목해야 할 부분이 '자아확장력'이다. '자아확장력'이 뛰어난 사람은 '긍정적 정서'를 갖고 있어서, 사회적 상호관계를 잘 맺을 수 있다.

　그 사람이 어떤 사람인지 알아보려면 그 사람의 친구를 보라는 얘기가 있다. 자아확장력은 그 사람의 친구관계를 보면 파악할 수 있다. 다른 관계와는 다르게 친구관계는 완전히 자발적인 관계라서, 친구관계를 보면 그 사람을 훨씬 더 잘 파악할 수 있기 때문이다. 남자의 수명이 여자보다 더 짧은 이유가 남자들이 친구가 없어 외롭기 때문이라는 연구도 있다. 심지어 남녀 모두 나이가 들어갈수록 공감능력이 더 뛰어난 여자 친구와의 우정이 남자 친구와의 우정보다 만족스럽다는 조사결과도 있다.

　친한 친구와 함께 있으면 사람들은 평균 30배 이상 더 많이 웃는다고 한다. 친한 친구들을 만나면 우리는 다시 건강한 어린아이로 돌아간다. 자기조절능력과 대인관계능력이 높은 사람은 친밀한 관계를 잘 만들고 유지시킬 수 있다. 친구는 인생의 어려움이 있을 때 감정적 지지를 얻을 수 있는 좋은 버팀목이다. 공감능력이 좋은 벗을 많이 만나는 것은 회복 탄력성을 높이는 방법이다.

1 대 29 대 300 법칙

:

실패를 미연에 방지하기 위해서 어떻게 해야 하는가? 그리고 성공의 기회를 잡기 위해 어떻게 해야 하는가? '허버트 하인리히'는 대형사고 한 건이 발생하기 이전에 이와 관련 있는 소형사고가 29회 발생하고, 소형 사고 전에는 같은 원인에서 비롯된 사소한 징후들이 300번 나타난다는 통계적 법칙을 파악하게 되었다. 바로 '1 대 29 대 300 법칙'이라는 '하인 리히 법칙'이다. 세계적인 물류기업 '페덱스'는 최상의 서비스 수준을 유 지하기 위해 1 대 10 대 100의 법칙을 철저히 적용하고 있다. 이 법칙의 의미는, 불량이 생길 경우 즉시 고치는 데는 1원의 원가가 들지만, 책임 소재를 규명하거나 문책당할 것이 두려워 불량 사실을 숨기고 그대로 기업의 문을 나서면 10의 비용이 들며, 이것이 고객 손에 들어가 클레임 건이 되면 100의 비용이 든다는 것이다. 다시 말하면 작은 실수를 그대 로 내버려뒀을 경우 그 비용이 작게는 10배, 크게는 100배까지 불어나는 큰 문제로 비화된다는 것이다. 우리나라 속담에도 '호미로 막을 것 가래 로 막는다.'라는 말이 있듯이, 사소한 실수가 걷잡을 수 없는 큰 폐해로 다가올 수 있음을 의미한다.

이 세상에는 여러 가지 계산법이 있다. 우리가 표준으로 삼은 유클리 드 계산법에 따르면 1+1의 값은 2다. 하지만 에디슨은 1+1=1도 될 수 있 고, 1+1은 3도 될 수 있다고 했다. 물방울 하나에 물방울 하나를 더하면

서로 엉켜 커다란 물방울 하나가 될 수도 있고, 시너지 효과를 중시한다면 1+1=3이 될 수 있다는 것이다. 하지만 '깨진 유리창의 법칙'에서 보면, 100-1=99가 아니라 0이 될 수도 있음을 알게 된다. 사소한 실수 하나가 전체를 망가뜨리기 때문이다. 작은 실수가 큰 실패로 연결되는 메커니즘을 통계적으로 파악할 수 있다면, 실패의 도미노를 끊는 방법뿐만 아니라 역으로 큰 성공을 일구는 사소함의 힘을 알 수 있을 것이다.

그 무엇

:

거의 같은 능력을 가지고 출발했는데도 어떤 사람들은 성공하고 어떤 사람들은 낙오자가 되도록 만드는 것은 무엇일까? 낙오자들이 자신들이 처한 상황에서 헤어나지 못하고 계속해서 스스로를 추락하게 만드는 것은 무엇일까? 상위층 열 명이 하위층 만 명이 가진 것보다 더 많은 것을 소유하게 만드는 것은 무엇일까? 그것은 기회와 가능성은 늘 그 자리에 존재하고 있는데, 두려움과 부정적인 사고가 그것들을 가리고 있기 때문이다. 우리가 '무엇'인가를 이루기 위해, 또는 '무엇'인가가 되겠다고 결심하는 데 걸리는 시간은 채 몇 분도 걸리지 않는다. 문제는 그 결심을 얼마나 신속하게 행동에 옮기느냐는 것이다. 끊임없이 동기를 부여하지 않으면, 아무리 재능이 뛰어나도 스스로 자극할 수 없는 사람은 그저 평범한 사람으로 남을 수밖에 없을 것이다.

10년 동안 공들였던 사업을 접고 40대에 보험 텔레마케터로서 다시 일을 시작해서 하루하루의 성과로 급여를 받아야 했을 때 매일매일 스스로에게 동기부여를 했었다. 수당을 받는 영업조직에서 일하시는 분들은 잘 알겠지만, 하루라도 판매를 하지 않으면, 다음 달 급여는 노력 여하와 상관없이 한 푼도 받을 수 없는 상황이니, 하루하루가 피를 말리는 사투라 할 수 있다. 일을 잘하든 못하든 한 달이 지나면 고정급을 받는 정규직과는 차원이 다른, 영업 성과를 통해 수당을 받는 일. 직접 그 일을 해보지 않고서는 그 일이 주는 중압감을 이해할 수 없을 것이다. 하지만, '하이 리스크' '하이 리턴'이란 말처럼 위험에 대비해 늘 긴장을 하고 매일매일 도전의식을 갖고 일을 하니, 고정급을 받는 사람들에 비해 월등히 많은 급여를 받을 수 있었다. 바로 '그 무엇'을 찾은 덕분이었다.

달걀을 생각해보자. 그처럼 엉성한 단백질 혼합물이 병아리로 변할 수 있는 것은 부화될 때까지 필요한 모든 영양분이 그 안에 들어 있기 때문이다. 달걀 상태에서는 부리나 뼈, 다리, 눈 혹은 깃털 같은 그 어떤 흔적도 볼 수 없지만, 이 기적을 일으키는 데 더 이상 필요한 것은 아무것도 없다. 부화하는 병아리처럼 마음속에서 잠자고 있는 '그 무엇'을 찾아 스스로 껍질을 깨고 나오면 되는 것이다. 텔레마케터로 시작해서 '그무엇'을 열심히 깨고 나왔더니, 텔레마케터에서 슈퍼바이저, 그리고 콜센터 센터장을 지내고 지금은 대학 강단에 서게 되었다.

위기대처 능력

.
.
.

위기관리 능력이 그 사람의 수준이다. 개인의 발전과 조직의 성공 속에서 터져 나오는 갈등, 가정과 사회생활의 불균형으로 인하여 받는 스트레스가 만만치 않다. 쌓인 스트레스를 방어하고 적절하게 해결할 수 있는 방법은 자기조절 능력을 강화하는 길이다. 내 앞에 닥친 문제를 긍정적으로 바라볼지, 부정적인 태도로 접근할지에 따라 결과는 180도 달라질 수 있고, 그로 인한 스트레스도 얼마든지 해소할 수 있을 것이다.

위기대처 능력을 키우기 위한 방법으로는 사람과의 관계 형성에 있어서 유연성을 키워야 한다. 상대방이 네거티브로 공격한다고 해서 나도 똑같이 해서는 똑같이 구정물 통에 빠지는 것밖에는 되지 않는다. 어떤 문제가 생겼을 때는 회피하지 말고, 덮어두지도 말고, 돌리지 말고, 적극적으로 대처해야 한다. 화가 난다고 해서, 일이 풀리지 않는다고 해서 마음을 그대로 표출하면 일을 해결하는 데 전혀 도움이 되지 않는다. 부정적인 감정노출은 자신을 오히려 나약하게 만들게 마련이다. "한 사람의 그릇은 그 사람이 처리할 수 있는 문제의 크기와도 같다."라는 말이 있다. 많은 것을 알고 있는 사람보다 한 가지라도 제대로 알고 있는 사람이 중요한 때이다. 나는 어떤 사람인지, 내가 안고 있는 문제 해결을 위한 답이 무엇인지, 새로운 위기에 대처할 능력 향상을 위해 무엇을 준비하고 있는지 늘 스스로를 돌아볼 수 있어야 위기대처 능력을 키울 수 있다.

에펠탑 효과

:
:
:

전 세계적으로 모르는 사람이 거의 없을 프랑스 파리의 랜드마크 에
펠탑은 1889년 프랑스 대혁명 100주년을 맞이해 열린 파리 만국 박람
회 기념 조형물로 건립되었는데 그 당시 거의 모든 시민이 반대를 하였
다고 한다. 20년 뒤에 철거한다고 약속하고서야 공사를 진행하였고, 완
공 후에도 에펠탑 철거를 위한 당시 지식인들의 '300인 선언'이 발표되
었다. 시인 '베들렘'은 흉측한 에펠탑이 보기 싫다며 그 근처에는 가지도
않았다고 한다. 하지만 지을 때부터 철거 대상이었던 에펠탑이 시민들
과 친해진 이유는 간단하다. 자꾸 보며 눈에 익숙하게 담았기 때문이다.
처음에는 반감을 품었다가도 자꾸 보니까 익숙해져 호감을 느끼게 된
것이다. 이것을 '에펠탑 효과'라고 한
다. 자꾸 보이는 것이 서로의 관계를
돈독히 하는 데 도움이 된다. '먼 친척
보다 가까운 이웃이 낫다.'라는 말과도
같은 의미일 것이다. 표현도 똑같다.
고마우면 고맙다고, 미안하면 미안하
다고 말을 해야 한다. 자꾸 표현해야
내가 어떤 마음인지 상대방이 알아차
릴 수 있다. 내 머릿속에 있는 '생각언

어'를 다른 사람이 이해할 수 있는 방법은 전혀 없다. 더 중요한 것은 다른 사람들은 내 마음속까지 읽을 만큼 한가하지 않다는 것이다. 내가 생각하고 있는 것을 표현해야 상대방이 내 마음을 알아차릴 수 있다.

배려

·
:
·

삶에 있어 좋은 관계를 유지하기 위해서는 상대방에 대한 '배려'가 중요하다. 『여씨춘추』에서는 "솔직하라. 실패의 원인 중 자신을 잘 알지 못하는 것보다 더 큰 것은 없다."라고 했다. 즉 스스로를 배려하라는 말이다.

배려가 얼마나 중요한지 많은 성인들이 남긴 글만 보더라도 알 수 있다.

『성경』에는 "상대방의 관점으로 보라. 크고자 하거든 남을 섬겨라." 라는 말로 너와 나를 위한 배려를 하라고 했고,

『명심보감』에는 "통찰력을 키워라, 평소에 인정을 베풀면 훗날 좋은 모습으로 볼 수 있다."는 모두를 위한 배려를 하라는 내용이 있고,

'노자'는 "물의 선함은 만물을 이롭게 해주지만 다투지 않는다. 물은 스스로 낮은 곳에서 처신한다."고 했다.

누구든 먼저 배려받기를 원하지만 내가 먼저 배려를 해주어야 배려를 받을 수 있는 것이다. 좋은 인간관계를 맺는 데 있어서 '배려'만큼 좋은 덕목은 없다.

세쿼이아 나무 같은 인맥

．
．
．

강풍이 자주 부는 미국 서부 해안에는 세쿼이아 나무가 있다. 이 나무는 뿌리가 얕아서 바람에 쉽게 날아갈 것 같은데도, 거센 강풍이 불어도 쉽사리 날아가는 법이 없다고 한다. 그 이유는 혼자 자라지 않고, 꼭 여럿이 숲을 이루고 얕은 뿌리지만 서로 단단히 얽혀 있기 때문이다. 삶의 강풍에서 살아남기 위해서는 내 삶은 어떤 인맥으로 맺어져 있는지를 돌아볼 필요가 있다. 미래 수입을 알려면 같이 식사하는 열 사람의 평균 수입을 계산해 보면 된다는 말이 있다. 수입을 두 배로 늘리고 싶다면 새로운 친구를 늘리고 인생을 성공으로 이끌어 줄 스승을 추가하라는 말이 있다. 파리가 천 리를 가기는 어렵지만, 천리마의 엉덩이에 붙어 가면 쉽게 갈 수 있다. 내가 어떤 사람을 만나고, 어떤 조력자를 만나느냐에 따라 내 인생이 바뀔 수 있는 것이다. '뛰는 놈 위에 나는 놈, 나는 놈 위에 운 좋은 놈' 중, '운 좋은 놈'은 바로 좋은 인연, 좋은 인맥이다. 그 좋은 인연, 좋은 인맥은 그냥 저절로 맺어지는 것이 아니다. 말품과 손품, 발품을 팔아야 강풍이 불어도 쉽사리 날아가지 않는 세쿼이아 나무 같은 인맥을 만들 수 있다.

차이가 가치

:
:
:

　빠르게 변화하는 4차 산업혁명 시대에서는 차이가 곧 '가치'이다. 아날로그 시대에는 일사불란함이 최고의 가치였다. 그래서 한 줄로 세워지고 차이 나지 않게 골라내는 것이 미덕이었다. 다르다는 것은 차별의 근거였고 '왕따'의 이유였다. 그러나 디지털 시대에는 차이가 곧 가치이다. 남과 다른 차이야말로 대접받고 존중받을 근거이다. 가치관과 자기 정체성이 뚜렷할 때, 자기만의 진정한 파워가 나올 수 있는 것이다. '코칭'을 통해 많은 사람을 만나 보면 사람의 지문이 다르듯이 모두 각기 다른 기질을 갖고 있음을 알게 된다. 줄을 세우는 것이 왜 의미 없는 일인지 깨닫게 된다. 교육에 있어 일률적 요소, 줄을 세우는 일, 규격과 틀을 과감히 깨어야 할 이유이기도하다. 남들과 다르다는 것이 곧 나의 '가치'다. 차이가 나의 장점이 되고, 삶의 무기가 되어야 한다.

말은 내용을 담는 그릇

말 잘하는 사람은 질문을 잘하고, 말 많은 사람은 자기 말만 한다. 말 잘하는 사람은 섣불리 충고하지 않지만, 말 많은 사람은 상대방의 의사와는 상관없이 충고를 아끼지 않는다. 말 잘하는 사람 곁엔 사람들이 모이고 말 많은 사람 곁엔 아무도 오지 않는다. 말 잘하는 사람은 재밌고 유쾌하지만, 말 많은 사람은 피곤하기 때문이다. 말 잘하는 사람일수록 인기도 많고 성공할 확률도 크기 마련이다. 하지만 타고난 말재주가 없음에 비관할 필요는 없다. 말을 적게 하면 사고의 깊이가 더해질 수 있다. 말을 줄이면, 발산되지 못한 에너지가 생각 쪽으로 갈 가능성이 매우 높다. 간혹 말을 잘하는 것과 말이 많은 것을 혼동하는 경우가 있다. 하지만 그 둘은 전혀 관계가 없다. 말을 잘하느냐, 못하느냐는 말의 양적인 문제가 아니라, 질적인 문제이기 때문이다. 말은 내용을 담는 그릇이다. 말을 어떻게 하느냐에 따라 그 사람의 인품을 알게 된다.

슈퍼커넥터

  우리는 보통 친밀하고 끈끈한 관계가 이상적이며 피상적이고 일시적인 관계는 가치가 없다고 생각하지만, 의외로 가까운 사람들이 생각보다 도움이 되지 않는다고 한다. 뜻밖에도 아주 중요한 소개나 사업이 그리 친하지 않은 사람들에 의해 이루어지기도 하는데, 그것은 낯선 사람들은 나와 다른 세계에 속한 존재이기 때문에 전혀 다른 새로운 정보와 네트워크에 연결하여 가치를 얻게 해주기 때문이다.

  진정한 네트워크 파워는 네트워크가 얼마나 뿌리 깊은지보다는 얼마나 개방적이고 다양한 색깔로 이루어져 있는지에 달려 있다. 특별한 목적 없이 다양한 사람들을 만나는 것이 때로는 큰 보상을 가져다주기도 한다. 성공적인 인맥은 다양한 인맥의 조합이 일어나도록 관계를 유지하는 것이 중요하다. 비즈니스의 성공은 네트워크상의 한 허브에서 다른 허브로 옮겨가는 데서 나온다고 해도 과언이 아니다.

  결국 변화와 발전이 있는 인생이란, 한 번의 마라톤 경주라기보다는 여러 번에 걸친 단거리 경주의 연속과 같은 것이다. 이런 삶을 살기 위해서는 다양한 사람들과 비즈니스를 연결하는 사람, 이른바 '슈퍼커넥터'가 필요하고, 또 스스로가 그런 사람이어야 한다. 그러기 위해서는 우선, 많은 사람들과 관계를 맺어야 한다. 약한 연결이 적어도 수백 명 이상, 경우에 따라 천 명 이상도 될 수 있다. 자주 보는 사이가 아니기 때문에, 만나는 그 순간에 믿음과 진심을 최대한 드러내야 한다. 또한 만나는 사람들의 규모와 다양성을 확대하려는 접근방식이 필요하다. 좋은 사람들을 발견하고 자연스럽게 대화를 시작하고, 사람들이 쉽게 다가올 수 있게 하는 개방적인 태도가 도움이 된다. 가장 중요한 것은 자신에게 이익이 없을 때에도 순수한 마음으로 나서서 사람들을 연결하려는 의지와 실천이다. 자신이 먼저 연결해주면 곧바로는 아니더라도 복잡하고 비대칭적인 형태로 우리 자신도 다른 사람에게 연결되는 기회를 얻게 되는 것이다.

동기와 보상심리

직장생활 하다 보면 이런 생각 한 번쯤 하게 마련이다. '회사의 동기 부여가 부족해서 일할 맛이 안 난다. 회사의 Vision이 보이지 않아서 나의 Vision도 확신이 서지 않는다. 연봉이 작아서, 혹은 제도가 취약해서… 내가 열심히 해도 별로 의미 없는 거 아닌가?' 기타 등등 하지만, 회사는 아마 이렇게 이야기할 것이다. '직원이 열심히 하고, 그에 맞는 성과가 있으면, 회사도 충분히 보상할 수 있다.' 회사의 Vision은 결국 직원 한 사람 한 사람이 만들어 가야 하는 것이다. 성공하고 싶은 마음이 있다면, 자기 자신 안에서 꿈틀거리는 '동기'라는 친구를 잘 붙잡아야 한다. 그리고 그 친구 옆에 있는 '보상심리'를 극복해야 할 것이다. 동기부여는 셀프다. 남이 불을 붙여주기 전에 스스로 불을 붙여서 활활 태울 수 있는 자기발화적인 열정이 필요하다. 자기 자신 안에 있는 동기를 먼저 찾는 것이 바로 내가 원하는 바를 얻을 수 있는 성공의 지름길일 것이다.

소통을 막는 네가지

:
:

코칭을 하다 보면, 자녀와 소통이 안 되어 고민을 하는 부모들을 만나게 된다. 특히 청소년 자녀를 둔 부모들 중에는 자녀와 대화의 벽을 쌓고 사는 부모들이 의외로 많은 것을 볼 수 있다. 여러 가지 이유가 있겠지만, 크게 다음 네 가지의 이유가 자녀와의 소통을 막는 가장 큰 이유이다.

첫 번째, 아이들의 기질과 가치관을 잘 이해하지 못한다.

두 번째, 아이들의 정서 지능을 파악하지 못한다.

세 번째, 아이의 생각을 잘 헤아리지 못한다. 즉 눈높이를 맞추지 못한다.

네 번째, 청소년기의 아이들의 뇌구조를 잘 이해하지 못한다.

소통이 잘되기 위해서는 상대방이 어떤 생각을 갖고 어떤 사람인지를 알아야 공감대가 형성이 되는데, 서로 다름을 이해하기보다는 내 생각만 관철시키려 하니, 소통이 잘될 리 없다. 특히 청소년기의 뇌구조는 이성적인 판단이나 논리를 주관하는 '전두엽'보다는 감정을 관리하는 '변연계'가 발달되어 있어 사소한 일에도 감정이 폭발하게 마련이어서 더욱 소통하기가 쉽지 않다. 가장 소통이 잘되는 부모는 아이들이 올바른 길을 갈 수 있도록 틀을 잡아주되, 그 틀이 느껴지지 않도록 틀을 넓혀 주는 부모다. 자녀들이 잘못될 때마다 고쳐주려고 하는 '정비사' 같은 부모가 아니라, 원하는 종착지까지 잘 안내해주는 '코치' 같은 부모일 것이다.

환경을 만드는 사람들

．
．
．

오랫동안 영업조직에서 일을 했다. 영업이 가장 어렵다는 업무, 보이지 않는 고객에게 보이지 않는 보험 상품을 전화로 판매하는 텔레마케터 업무였다. 똑같은 근무환경, 똑같은 데이터베이스, 똑같은 상품을 판매하면서도 실적 차이가 난다. 성과가 좋은 사람은 좋은 이유가 있고, 성과가 나쁜 사람은 나쁜 이유가 있었다. 성과가 좋지 않은 사람은 모든 주변 상황을 부정적으로 받아들여서 불평불만을 뱉어내고, 성과를 잘 내는 직원은 늘 긍정적으로 주변 환경을 만들어낸다. 똑같은 환경인데도 불구하고 생각의 차이가 환경을 바꾸는 특별한 효과가 있었다.

성공한다는 것은 열악한 환경을 자신이 딛고 올라설 디딤돌로 만드는 것이다. 기회란 남이 차려놓은 자신의 식성에 맞지 않는 밥상을 받는 것이 아니라, 자신의 실력으로 자신에게 꼭 맞는 밥상을 차리는 것이다. 성공한 사람들은 바람이 불지 않으면 자신이 뛰어 바람개비를 돌린 사람, 바로 자기가 바라는 환경을 만들어내는 사람들이다. 지금 내가 처해 있는 환경을 벗어나려 애쓰기보다는 내가 처해 있는 환경을 내가 원하는 환경으로 바꾸는 노력을 하는 것이 바람직하다.

순서가 성패를 결정한다

왜 똑같이 노력하는데, 누구는 성공하고 누구는 실패하는 것일까? 왜 어떤 것은 잘 이루어지는데, 어떤 것은 노력해도 안 되는 걸까? 제대로 하려면 어떻게 해야 할까? 여러 통계결과에 의하면, 이러한 결과의 차이는 일의 순서를 제대로 지키지 않는 것과 시기적절한 때를 맞추지 못한 이유가 가장 크다고 한다. 같은 재료를 써도 순서를 지키지 않으면 절대로 맛있는 김치가 되지 않는 이치와 같다.

김치는 제일 먼저 소금으로 배추를 절여서 배추 속에 있는 수분을 좀 빼야 비로소 양념을 받아들여 맛있는 김치를 숙성시킬 수 있다. 급하다고 절이기도 전에 양념을 넣고 버무리면 양념이 스며들 자리가 없는 배추에 양념이 제대로 배어들 수가 없어 맛있는 김치가 만들어지지 않는다. 바둑 역시 같은 자리 같은 돌이 놓여 있어도 두는 순서가 달라지면 살아야 할 돌이 죽고, 죽어야 할 돌이 살게 되어. 전세가 역전되게 마련이다. 열심히 일하는 것보다 스마트하게 일하는 것이 중요하고 일의 순서를 잘 짜는 전략이 중요하다. 패턴을 읽을 수 있어야 하고, 목표에 집중해야 하며, 가장 적절한 시기를 기다릴 수도 있어야 한다. 특히 세상 돌아가는 메커니즘을 잘 알아야 한다. 누구나 다 열심히 하는데도 승패가 갈리는 것은 바로 디테일의 힘, 바로 전략과 전술의 차이라 할 수 있을 것이다.

감정배설

$\vdots$

    사람이 하루에 해야 할 말은 약 3,000마디라고 한다. 말을 너무 많이 하면 짜증이 나고, 말을 못 하는 날이 많아지면 우울해지게 마련이니, 말을 더 해도 덜 해도 문제가 생기게 마련이다. 남편은 회사에서 업무상 대화하면서 다 소진하는데, 아내는 대화할 대상인 남편이 오기만 기다린다. 부부가 대화를 시작하면 나중에는 싸움으로 번지게 되는 이유기도 하다. 또 한 예로 시어머니가 건강이 안 좋거나 친구들이 없어 외로워서 감정배설을 할 곳이 마땅하지 않아 며느리와 대화하면서 풀려고 하는데 며느리가 받아주지 않으면, 화가 나서 상대방의 감정을 자극함으로써 고부갈등으로 이어질 수도 있다.

    사람이 말을 할 때 자신이 듣는 소리와 상대방에게 전달되는 소리가 사뭇 다르기 마련이다. 내가 하는 말이 자신에게는 상냥한 것 같아도 타인이 듣기에는 거북할 수 있다는 것이다. 산업현장에서 치열한 경쟁을 해야 하는 부모는 탁한 마음이 자녀에게 전달될 수 있어서 자녀와 갈등이 생기게 마련이다. 자식과 대화 내용을 녹음 후에 다시 듣기 해보면, 아버지 자신도 자신의 말에 거부 반응이 일어날 수도 있을 만큼 탁하다는 것을 느낄 수 있다. 상대방을 설득하는 방법은 상대방을 가르치려 하지 말고 상대방의 말을 진심으로 들어주는 것이 가장 효과적이다. 상대방이 감정을 통제하지 못해 힘들어한다면 감정배설을 어떻게 하는지 살펴보고 무의식의 내면에 쌓여 있는 감정들을 의식세계로 끄집어 올려 표현함으로써 해소시켜 주어야 한다. 감정이 내면에서 올라오면 억누르기보다는 외부로 배설하는 게 정신건강에도 좋다. 적절한 감정을 표현할 수 있어야 서로에게 도움이 되는 인간관계를 유지할 수 있다.

좋은 친구

.
.
.

좋은 친구를 알아보려면 같이 있는 시간에 대한 의식으로 알 수 있다. 같이 있는 시간이 지루하게 느껴지면 좋은 친구가 아닐 것이고, 벌써 이렇게 됐어? 할 정도로 같이 있는 시간이 빨리 흐른다면, 그는 좋은 친구 사이라 할 수 있다. 법정스님께서도 좋은 친구하고는 시간과 공간 밖에서 함께 사는 거라 하셨다. 내가 힘들 때 도움이 되는 친구이거나 솔직한 마음을 털어놓을 수 있는 친구도 좋은 친구겠지만, 마음과 마음이 서로 같은 수평선에 있는 관계가 좋은 친구일 것이다. 갓난아이와 백발의 할아버지가 좋은 친구가 될 수 있는 것은 바로 마음의 수평선이 일치하기 때문이다. 아무리 멀리 떨어져 있어도, 자주 만나지 않아도 마음의 수평선이 같다면, 우정은 끊임없이 두터워질 수 있다.

능력 있는 사람

많은 연구 조사에 의하면, 많은 사람들이 능력도 있고 호감도가 높은 사람과 함께 일하기를 원한다고 한다. 그런데 나머지 범주에 대한 사람들의 판단도 흥미로웠다. 능력이 있지만, 호감도가 낮은 '유능한 밉상'과 일하기를 피한 반면, 능력은 낮지만 호감도가 높은 '매력적인 바보'들을 함께 일하고 싶은 사람으로 선택했다는 것이다.

사람들은 능력 있는 사람을 신뢰하기보다 좋아하는 사람을 신뢰하게 마련이다. 좋은 관계를 유지하기 위해서, 또는 좋은 성과를 내기 위해서는 전략보다는 호감이 신뢰를 구축하는 데 훨씬 더 바람직하다는 의미이다. 회사에서 신입사원을 뽑을 때 인성 좋은 사람을 선호하는 이유는 바로 팀워크를 잘 이루어낼 수 있기 때문이다. 아무리 능력이 있어도 혼자 할 수 있는 일은 아무것도 없다. 함께 더불어 시너지 효과를 낼 수 있는 사람이 진짜 능력 있는 사람이다. 능력 있는 사람은 나한테 이익이 될 때만 상대방과 교류하는 것이 아니라, 상대방이 나를 필요로 할 때 도움을 줄 수 있는 마음을 가진 사람이다.

S.E.S^{Simple, Easy, Short} 화법

:
:
:

이제 커뮤니케이션도 시대에 맞게 해야 한다. 시대가 요구하는 커뮤니케이션은 바로 SES^{Simple, Easy, Short}, 즉 간단하고, 쉽고, 그리고 짧게 하는 것이다. 대한민국 개발자 희망보고서에 의하면 일 잘하는 사람들은 EOB 즉 E-Example^(예화), O-Outline^(핵심 정리), B-Benefit^(이익)으로 대화를 한다고 한다. 전달하고자 하는 내용에 대하여 가장 알맞은 예화를 바탕으로 먼저 이야기를 시작한 다음, 전개한 이야기를 바탕으로 핵심을 간략히 정리한다. 그리고 마지막에는 이 이야기가 주는 이익이 무엇인가를 마무리하여 주는 것으로 끝을 낸다는 것이다. 참고로 각 부분에 대한 구성 비율은 예화 70~80%, 핵심정리 10~15%, 이익 5~10%로 하는데 여기서 가장 중요한 요소는 역시 상황에 맞는 가장 적절한 예화의 선택이라 할 수 있다.

파충류 뇌, 포유류 뇌, 인간의 뇌

．
．
．

우리는 상대방에게 화가 났을 때 이성적이기보다는 감정적으로 대응하게 마련이다. 바로 포유류의 뇌에서 파충류의 뇌로 넘어가는 것이다. 인간에게는 3종류의 뇌가 있다고 한다. 가장 원시적인 생명을 관장하는 파충류의 뇌, 중간층의 감정을 관장하는 포유류의 뇌, 가장 바깥층의 논리적이고 지적인 인간의 뇌가 그것이다. 각각의 뇌는 감정 상태에 따라 작동하며 가장 파괴적인 것은 '뱀의 뇌' 즉 파충류의 뇌이다.

이 뇌가 활동할 때는 비교적 이성적인 다른 뇌들이 작동을 멈춘다. 공포, 불안, 위협을 느낄 때 바로 '뱀의 뇌'가 가동되기 때문이다. 그러므로 상대가 '뱀의 뇌' 상태에 있을 땐 설득이 먹히지 않는 것이다. 바로 김정은도 무서워한다는 우리나라 중2들, 즉 청소년기는 바로 파충류의 뇌 상태에 있기 때문에 이성적이고, 논리적이기보다 감정적이어서 사소한 일에도 질풍노도의 짜증과 화를 잘 내고 파괴적으로 행동하는 것이다. 그래서 상대방이 지나치게 감정적이고 화가 나 있을 때에는, 파충류의 뇌 상태에서 포유류나 인간의 뇌 상태로 올라올 수 있도록 유도하는 것이 바람직하다. 논리적으로 이해시키고, 설득하기보다는 감정적으로 공감해주고, 격려해주고 지지해주는 것이다. 별일도 아닌데 화를 잘 내는 사람은 아직 인간이 덜된 포유류의 뇌와 파충류의 뇌에 머물러 있다고 이해하면, 좋은 관계를 유지하는 데 도움이 될 것이다.

칭찬

강의를 하면서 칭찬프로젝트를 실시하고는 한다. 함께 강의를 받는 학생들의 장점 한 가지씩을 찾게 해서 폭풍 칭찬을 하게 하는 것이다. 처음 3~4명까지는 원활하게 칭찬하지만, 5~6명이 지나가면서는 상당히 곤혹스러워하는 것을 볼 수 있다. 칭찬할 게 딱히 생각나지 않아서이다. 하지만 시간이 지날수록 칭찬 가짓수가 점점 늘어가고, 늘어가는 만큼 학생들의 얼굴엔 웃음꽃이 활짝 피어난다. 뻔한 이야기인데도, 누군가가 나를 칭찬해주면, 기분이 좋아질 수밖에 없고 웃음이 배어나는 것이다. 바로 누구나 모두 자신의 존재감을 인정받고 싶은 마음 때문이다. 바람직한 칭찬은 삶의 활력소다.

칭찬이란 무엇과 같으냐는 질문에 다양한 답들이 쏟아져 나왔다.

칭찬은 풍선과 같다. 몸이 날 것처럼 가벼워지니까,
칭찬은 보너스와 같다. 받으면 신이 나니까,
칭찬은 행운의 열쇠다. 기도 살고 운도 사니까,
칭찬은 전파 탐지기이다. 숨어 있는 거대한 능력을 찾아내니까,
칭찬은 키 크는 약이다. 행복을 열 배로 키워주니까,
칭찬은 에밀레종 소리와 같다. 오래도록 여운이 남기 때문이다.

칭찬은 성장촉진제와 같다. 식물도 칭찬하면 쑥쑥 자라나니까,

칭찬은 고리대금이다. 되로 주면 말로 받을 수 있으니까,

칭찬은 이렇게 다양한 효과를 나타낼 수 있다.

다만, 칭찬은 듣기 좋은 말로 하는 것이 아니라, 진심으로 상대방의 장점을 찾아 인정해 주는 말이어야 한다.

동료 효과

. . .

스위스의 한 고등학교에서 24명의 학생을 대상으로 편지지를 봉투에 넣는 실험을 했다. 2명씩 한 조로 된 16명은 같은 공간에서, 1명씩 나눠진 8명은 독립된 공간에서 편지지를 봉투에 넣는 실험을 한 것이다. 누구나 예상하듯 짝을 지은 쪽이 작업량이 훨씬 더 많았다고 한다. 곁에 있는 동료에게 도움과 자극을 받아 일의 능률이 올라간 것이다.

이처럼 동료의 존재가 끼치는 영향을 '동료 효과'라고 한다. 누구와 일을 하느냐에 따라, 어떤 느낌으로 상대방을 생각하느냐에 따라 일의 성과가 다르게 나타날 수 있는 것이다. 그래서 좋은 친구를 만나고, 좋은 파트너를 만나고, 좋은 인연을 만나는 일은 인생에 있어서 중요한 일인 것이다.

로사다 비율

.
.
.

긍정적인 단어가 인간과 조직의 번성에 얼마나 중요한지를 보여 주는 연구를 '로사다 비율'이라고 한다. '로사다 비율'은 60개 기업에서 회의 때 나온 모든 단어를 기록 분석했을 때, 긍정적 단어 대 부정적 단어의 비율이 2.9대 1보다 높으면 그 기업은 '플로리시' 즉 번성 중이었지만, 그보다 낮으면 경제적으로 좋지 않았다는 이론이다(프레드릭슨(Barbara Fredrickson, 노스캐롤라이나 대학교수). 이 이론은 존 가트먼(John Gottman, 워싱턴 대학) 박사에 의해 부부 사이에서도 검증되었다. 부부들의 주말 대화를 분석해 긍정단어와 부정단어의 비율이 2.9 대 1 이하면 이혼에 이른다는 결론을 얻은 것이다.

더불어 다정하고 안정된 결혼생활에는 긍정단어 대 부정단어의 비율이 5대 1이 이상적이라고 하는데, 이는 한 번 비난을 하려면 5번의 인정과 공감이 필요하다는 뜻이다. 이것은 우리 대인관계에서도 꼭 필요한 대화 비율이다. 다른 사람을 비난하거나 지적하기 위해서는 5번의 인정과 공감으로 신뢰를 쌓은 후에 해야 한다는 것이다.

에필로그

Coaching(코칭)은 상대방의 자발적 행동을 촉진하기 위한 커뮤니케이션의 기술이며, 재지점에서 더 만족스러운 지점으로 이동하도록 만드는 기술이다.

코칭은 스스로 보고 배울 수 있도록 돕고 참여를 통하여 성과를 높이도록 하는 기술로서, 각자 갖고 있는 잠재 능력을 발견하고 그들 스스로 변화와 발전을 이룰 수 있도록 지원하는 과정이다.

코칭은 인격과 잠재력을 이끌어 내어 개발하고 사용하는 것이고, 각자가 갖고 있는 자원을 발견하고 계발하도록 돕는 일이다.

코칭은 미래의 비전과 잠재력을 발견하는 일이다.

코칭은 사람들이 어떻게 성장하고 변화하는지의 기본적인 원리들을 모든 삶의 영역에 적용하도록 돕는 일이며, 삶의 태도를 바꾸고 근본적으로 실행력을 향상할 수 있도록 도와준다.

쉽게 말해 어려움을 겪을 때 문제 해결 방법을 알려 주는 것이 아니라, 문제 해결 능력을 키워 주는 스킬이다.

그동안 10년 넘게 코칭을 통해 많은 사람들이 변화되는 과정을 지켜보았다.

사람은 쉽게 변하지 않는다. 사람이 변하기 위해서는 환경을 바꾸거나, 시간을 달리 쓰거나, 스스로 변해야겠다는 생각이 들 때 비로소 변

할 수 있다. 스스로 변화해야겠다는 생각이 들게 하는 것이 바로 '코칭'
이다.

코칭에는 세 가지 철학이 있다.
첫째, 사람은 누구나 무한한 잠재 능력이 있다.
둘째, 그 사람에게 필요한 답은 모두 그 사람 내부에 있다.
셋째, 해답을 찾기 위해서는 파트너^(코치)가 필요하다.

이 책을 통해 각자 갖고 있는 잠재 능력을 찾아내서 원하는 삶을 찾
을 수 있는 기회가 되었으면 좋겠다.

하루에 딱 3분!
기적의 코칭으로 행복한 에너지가
팡팡팡 샘솟으시기를 기원드립니다!

권선복
도서출판 행복에너지 대표이사

요즘 들어 코칭^{Coaching}이란 말을 자주 듣게 됩니다. 어디에선가 툭 튀어나온 것처럼 보이지만 그리 낯설게 느껴지지는 않습니다. '코치'나 '코치하다'라는 단어가 우리 국어사전에도 등재되어 '지도하여 가르침' 혹은 '운동 경기의 정신·기술·전술 따위를 선수에게 지도하고 훈련시키는 일'로 풀이하고 있기 때문일지도 모르겠습니다. 그렇다면 요즘 유행하는 '코칭'은 무엇일까요? 무엇을 가르치고 무엇을 훈련시키는 것일까요?

『내 삶을 바꾸는 기적의 코칭』은 앞선 물음에 명쾌한 해답을 주는 책입니다. 단편적인 이야기 여러 편이 묶인 이 책은 하루에 하나의 파트만, 딱 3분 정도를 투자하여 부담 없이 읽어 보기 좋을 만한 구성으로 이루어져 있습니다. 그 이야기들은 내 생각의 전환을 가져오고, 또 마음의 변화를 불러일으킵니다. 바로 여기서 코칭의 핵심을 읽을 수 있습니다. '스스로 변화와 발전을 이룰 수 있도록 지원하는 것'입니다. 타인의 강요나 압박에 의해서가 아닌, 내가 직접 느끼고 깨달아 더 나은 방향으로 변화할 수 있는 원동력을 주는 게 바로 코칭입니다. 모두가 자신의 잠재 능력을 찾고 발전하기를 바라는 저자의 마음이 이 책 한 권에 고스란히 녹아들어 있습니다.

인간은 끊임없이 변화를 시도하는 존재입니다. 더 나은 삶을 살고자 하는 욕구 때문일 것입니다. 이런 욕구 또한 깊은 사고가 가능한 인간이기에 누릴 수 있는 특권은 아닐까요? 이 책과 함께 스스로를 코칭하며 변화시킬 수 있는 '기적'의 힘을 얻으시길 바라며, 독자분들의 삶에 행복과 긍정의 에너지가 팡팡팡 샘솟으시기를 기원드립니다.